神と民の契約

出エジプト記19〜40章・十戒による説教

松本敏之［著］

Matsumoto Toshiyuki

キリスト新聞社

神と民の契約　出エジプト記19～40章・十戒による説教◉目次

目　次

＊本文中の聖書引用は日本聖書協会『聖書　聖書協会共同訳』による。
＊聖書引用箇所を示す（　）内に書名がないものは、出エジプト記からの引用である。

1 臨　在

出エジプト記一九章一～二五節
マタイによる福音書一七章一～九節

旧約聖書の中心

出エジプト記は、第一九章から後半に入ります。これまでは、イスラエルの民がエジプトを脱出して、荒れ野をさまよう物語でしたが、ここからは神様から律法を授かって、契約を結ぶ話になります。これはシナイ契約と呼ばれます。

私の前任地、経堂緑岡教会全体修養会において、旧約聖書学者の小友聡さんが、この出エジプト記第一九章を用いて、シナイ契約のお話をしてくださったことがありました。

小友さんは、講演の中で、「旧約聖書の中心は何か」と問い、「それは律法である」と述べられました。「では律法の中心はどこにあるのか」と問うて、「それはシナイ契約である」と述べ、「ではシナイ契約の中心は何か」と問うて、「それは十戒である」と述べられました。シナイ契約というのは、出エジプト記の一九章から二四章に記されているものです。

　私たちは今、旧約聖書の中心を学ぼうとしているということを心に留めてください。この一九章で神様はモーセと出会われるのですが、二〇章で十戒が与えられ、二一～二三章では契約の書が与えられます。そして二四章で契約締結となります。

はじめに恵みありき

　さて一九章の冒頭にこう記されています。
「イスラエルの人々はエジプトの地を出て、三度目の新月の日にシナイの荒れ野にやって来た。彼らはレフィディムをたってシナイの荒れ野に入り、その荒れ野で宿営した。イスラエルはそこにある山の前に宿営した。」（一九・一～二）
　神様は山のほうにおられるということで、山に向かってテントを張ったわけです。モーセが山に登って行きますと、神様はモーセに語りかけられました。

「ヤコブの家に言い、イスラエルの人々にこのように告げなさい。『私がエジプト人にしたことと、あなたがたを鷲の翼の上に乗せ、私のもとに連れて来たことをあなたがたは見た。』」
（一九・三～四）

神様は契約の話をする前に、自分がイスラエルの人々に、これまで何をしてきたか、どういう恵みを与えてきたかということに言及されます。これは大事なことです。神様との関係は、神の恵みを思い起こすところから始まるのです。何か厳しい戒めが与えられて、「これを守れ。守らないと死ぬぞ」という脅しではありません。最近、問題になっているカルト宗教では、献金を強いる脅しのようなことが伴っているようですが、聖書の神様はそうではありません。「はじめに恵みありき」です。これは十戒の基本構造においてもそうです。

神の宝、祭司の王国、聖なる民

「それゆえ、今もし私の声に聞き従い、私の契約を守るならば、あなたがたはあらゆる民にまさって私の宝となる。全地は私のものだからである。そしてあなたがた

は、私にとって祭司の王国、聖なる国民となる。」（一九・五〜六）

ここで最初に心に留めたいのは、シナイ契約の形式です。「私の声に聞き従い、私の契約を守るならば、〜となる」と述べられます。これは、条件付き契約のように見えます。確かにシナイ契約ではそういう面もあるのですが、神様との契約は、根本的なところでは、それを超えています。アブラハムとの契約においては、アブラハムは「何々をしたから祝福を受けた」のではありませんでした。ただ一方的に神様からの約束でした。あなたの子孫は天の星のようになる。海の砂のようになる。その約束が取り消されたわけではありません。ですから、ここでもイスラエルが神の民として生きるために、「私の声に聞き従いなさい。私の契約を守りなさい。それでこそ、あなたたちは私の宝となる」ということなのでしょう。

内容的には、「あなたがたは私の宝となる」「祭司の王国となる」「聖なる国民となる」と、三つのことが語られるのですが、その間に割って入るように、「全地は私のものだからである」という宣言がなされます。すべてを根拠づけるような言葉です。それぞれ「聖なる国民となる。なぜならば、全地は私のものだからである」というふうに読んでよいでしょう。

この三つの中で、特に注意したいのは、「あなたがたは祭司の王国となる」という言葉です。これはイスラエルが選ばれた根拠とも言えます。「祭司」とは執り成しをする人であり、仕える人です。祭司の「王国」という言葉からして、他のすべての「国」の執り成しをする「王国」だということが見えてきます。それはイスラエルが傲慢にならず、謙虚に生きることを促す言葉でしょう。自分たちは特別なんだといばるのではなく、神に仕え、他の国に仕えて、その両者を執り成すために選ばれている。

このことは私たちがクリスチャンとして選ばれている根拠にも通じます。私たちはなぜクリスチャンとして選ばれたのか。召されたのか。それは神に仕え、人のために執り成しをするためだといえるでしょう。

共同体の信仰告白

モーセは山から降りると、早速民の長老たちを呼び集め、神様が「語れ」と命じられた言葉を語りました。そうするとイスラエルの人々は、一斉に口をそろえて「私たちは、主が語られたことをすべて行います」（一九・八）と答えました。

これは、今日の教会の信仰告白の原型のようなものです。大事なことは、契約はあくまで神様とイスラエルの民、つまり信仰共同体との間でなされたということです。神様は個人個人と契約を結んでいないのです。そして契約を結んだイスラエルが神の民、聖なる民、聖なる国民となるのです。

小友さんは、さきの講演でこう述べられました。

「イスラエルの民はエジプトを脱出する。二つに分けられた紅海の乾いたところを渡ってエジプト軍から救われる。しかしそこではまだ真の共同体にはなっていない。契約を結ぶことによって初めてイスラエルは神の民となるのです。つまり契約というのは共同体になるための契約なのです。」

「私たちは一人一人個人的に神様と契約を結んだ人たちが集まって教会ができあがっていくのだと考えるかもしれないけれども、そうではない。」

教会というところは、ただ単にキリスト教の信仰をもった人の集まりではないのです。社会学的に言えばそうかもしれません。しかし信仰的に言えば、あるいは神学的に言えば違う。最初に神様がおられ、そこで呼び出され、共同体の中に召し入れられる。キリスト教で言えば、最初にイエス・キリストの召し、招きがあって、それに応えて共同体の中に入れられる。教会の中へと召されるのです。

そしてもう一つ大事なことは、ここで、イスラエルの民が、言葉をもって応答をしたということです。そこで初めて契約が成立するのです。これは二四章の契約締結の部分でも強調されています（二四・三）。

聖なる神が人間に近づかれる

その後、いよいよ神様はシナイ山に降ってイスラエルの民とお会いになると言われ、「そのために備えをしなさい」と言われました。不用意に山に登ってはいけない。周囲に境を設けよ。その境界線に触れてもいけない。それを侵す者、ないがしろにする者は死ぬ。そう告げられたのです。そこでいよいよ神様の登場です。

「三日後の朝、雷鳴と稲妻と厚い雲が山の上に臨み、角笛の音が極めて力強く鳴り響いたので、宿営にいた民は皆、震えた。モーセは民を神に出会わせるために宿営から連れ出した。彼らは山の麓に立った。シナイ山は山全体が煙に包まれていた。主が火の中を通って、山の上に降り立たれたからである。煙は炉の煙のように立ち上り、山全体が激しく震えた。角笛の音がますます力強くなったとき、モーセが語りかけると、神は雷鳴で答えられた。」

（一九・一六～一九）

出来事としては、これが一九章の中心にありますが、このところには幾つかの意味が込められています。

ひとつは、神は聖なる方だと言うことです。そのきよさ（聖さ）の前では、どんな人間も立っていることはできない。ですから「神を見た者は死ぬ」とさえ言われていました。他のものを焼き尽くすほど、滅ぼすほどのきよさをもったお方なのです。ですから極力、きよさ（清さ）を保ち、それでも注意せよ、と語られるのです。そのことが大前提です（イザヤ書六・五参照）。

ところがその神は、ただ聖なる孤高の神として遠く離れて立っているわけではなく、同時に人間とかかわりをもとうとされる。これが二つ目です。神様は天地を造られたお方ですが、ただ造りっ放しではありません。あるいは遠くから眺めておられるだけではありません。人間を契約のパートナーとして選び、それを通して徹底的にかかわろうとされる。聖なる方は同時に近づいてこられるのです。造ったからには、最後まで責任をもたれる神様なのです。

この神様の姿勢は、新約聖書までずっと続きます。これは聖書が語る最も大事なことのひとつです。新約聖書自体が「神が人間に近づかれる」証しです。そこには「一人も滅びないで欲しい」という神様の熱い思い、切実な願いが込められているのです。

新しい契約を結ぶ

神の民がその後どうなっていくか。歴史をたどっていきますと、ここであんなにもよい返事をしながら、彼らはそれを守り抜くことができません。神様に背いた歩みをしていきます。普通の契約であれば、それで一方が契約不履行ということで、契約破棄ということになるのでしょうが、神様は何とかして、この契約が成立し続ける道を備えられるのです。そのことを考えるにあたって、ここでどうしても触れておきたい大事な言葉があります。それはエレミヤ書三一・三一〜三三です。

「その日が来る——主の仰せ。私はイスラエルの家、およびユダの家と新しい契約を結ぶ。それは、私が彼らの先祖の手を取って、エジプトの地から導き出した日に結んだ契約のようなものではない。……その日の後、私がイスラエルの家と結ぶ契約はこれである——主の仰せ。私は、私の律法を彼らの胸の中に授け、彼らの心に書き記す。」

（エレミヤ三一・三一〜三三）

これはぜひ覚えていただきたい言葉です。今回の箇所との関連においても大事ですが、旧約聖書と新約聖書を結ぶ大事な預言です。イスラエルの民は、この契約を守ることができなかったゆえに、神様は「新しい契約を結ぶ日が来る」と言われる。かつての「古い契約」では、律法が石の板に刻まれましたけれども（申命記五・二二）、「新しい契約」は彼らの胸に直接刻まれるというのです。この「新しい契約」という言葉こそ、私たちが使っている「新約聖書」という言葉の語源です。「旧約聖書」という言葉は、この「新しい契約」に対して「古い契約」ということです。

ただしユダヤ教の人々が今も唯一の正典として用いている書物を「旧約」と呼ぶのは不適切だということで、いわゆる旧約聖書を、「第一の契約の書」、「ヘブライ語聖書」（ヘブル語聖書）等と呼び変えることも増えてきました（武田武長『ただ一つの契約の弧のもとで』二九頁、山口里子『マルコ福音書をジックリと読む』九頁等参照）。

山上の変容

先ほど新約聖書の「山上の変容」と呼ばれる物語を読んでいただきました（マタイ一七・一～八）。この物語は、ちょっと不思議な話です。イエス・キリストが弟子のペトロとヨハネとヤコブだけを連れて、山へ登られた。そうすると主イエスの顔は太陽のように輝き、衣は光のように白くなった。そこにモーセとエリヤが現れて、三人で何か語り合っていた、と言うのです。「モーセとエリヤ」というのは、「律法と預言者」を象徴する人物です。そこで光り輝く雲の中から声が聞こえてきます。

「これは私の愛する子、私の心に適う者。これに聞け。」（マタイ一七・五）

天の神様は「私はこの者（つまりイエス・キリスト）を通して、これまで語ってきたことを完成するのだ」と言おうとされたのでしょう。その時の情景は本日の出エジプト記一九章の情景を彷彿とさせます。

私たちは、神の宝

出エジプト記一九章の五節後半にこういう言葉がありました。

「あなたがたはあらゆる民にまさって私の宝となる。全地は私のものだからであ

る。」（一九・五）

ここに神様のご意志があります。私たちも、イエス・キリストにあってそれに連なる者とされました。神様は私たちを愛する者、宝としてくださっているということ、そしてそれは私たちがイエス・キリストのものとなることによって実現するのだということを心に留めましょう。

この言葉から、『ハイデルベルク信仰問答』の最初の言葉を思い起こしました。その問一はこう語っています。

「（問一）生きるにも死ぬにも、あなたのただ一つの慰めは何ですか。
（答）わたしがわたし自身のものではなく、体も魂も、生きるにも死ぬにも、わたしの真実な救い主、イエス・キリストのものであることです。」（※以下すべて吉田隆訳）

私たちが自分自身の所有ではなく、イエス・キリストのものになること、その中に本当の慰めがあるというのです。それはその中にこそ、私たちが生きることとの本当の意味が隠されているからです。その神様の意志を心に留めてこの一週間も歩み始めましょう。

（二〇二二年七月三一日）

2 自由（十戒 Ⅰ）

出エジプト記二〇章一～一七節
ガラテヤの信徒への手紙五章一、一三～一七節

キリスト教の三要文

今日からいよいよ十戒を読んでまいります。十戒は、使徒信条、主の祈りと並んで、キリスト教信仰に欠かすことのできない重要な文章として、受け継がれてきました。キリスト教の「三要文（さんようもん）」と呼ばれます。私たちは「使徒信条」によって「何を信じるか」を学び、「主の祈り」によって「いかに祈るか」を学び、「十戒」によって「いかに生きるか」を学ぶのです。

ただ私たちは「使徒信条」や「主の祈り」と並ぶほどには、「十戒」を重んじていないように思います。「主の祈り」は、毎週、礼拝の中で唱えています。「使徒信条」もコロナ禍以前は、毎週唱えていました。しかし十戒はそのような取り扱いをしていません。

礼拝で十戒を唱えるかどうかは別として、十戒を信仰生活の中心に回復することは大事なことであると思います。

「十戒」本文

皆さんの中には、主の祈りをそらんじて言える人は多いでしょう。最近は口語体でもそらんじて言えるようになった方もあると思います。使徒信条を暗記しておられる方もあるでしょう。

しかし十戒をすべて数えられるという人は少ないかもしれません。十戒を数える時には、必ずしも聖書そのものの完全文である必要はありません。二〇〇二年に発行された『こどもさんびか　改訂版』にはショートヴァージョンの十戒が出ていますが、暗唱するには、これくらいがちょうどよいかと思います。このショートヴァージョンでとにかく十戒を数えてみましょう。

「十戒　わたしは主、あなたの神、あなたをエジプトの国、奴隷の家から導き出した神である。

一．あなたには、わたしをおいてほかに神があってはならない。

二．あなたはいかなる像も造ってはならない。
三．あなたの神、主の名をみだりに唱えてはならない。
四．安息日を心に留め、これを聖別せよ。
五．あなたの父母をうやまえ。
六．殺してはならない。
七．姦淫してはならない。
八．盗んではならない。
九．隣人に関して偽証してはならない。
一〇．隣人の家を欲してはならない。」
いかがでしょうか。ぜひこれを覚えていただきたいと思います。

律法主義、原理主義

十戒がそれほど重んじられないことには、それなりの理由があるのかもしれません。ひとつには十戒を重んじることは律法主義的になると考えられやすい面があるでしょう。十戒を守っているかどうかで、人をすぐに裁いてしまうのです。

律法主義というのは、聖書に書いてある戒めなどを文字通りの意味で捉え、それを全部守らないと救われないとして、自分にもそれを当てはめ、人にもそれを要求するような姿勢です。しかし聖書そのものの中に矛盾するようなことがたくさん書かれていますので、ある一つの言葉にがんじがらめになると、かえって聖書全体の精神からはずれてしまうこともあります。

村上伸牧師が、著書『十戒に学ぶ』の中の「十戒を原理主義的に理解してはならない」という項目で、こう書かれていました。

「数年前の新聞に、次のような記事が載りました。――『殺すな』という戒めを真剣に考えた末に『妊娠中絶はこの戒めへの背反である』と確信するようになった一人のアメリカのクリスチャンが、この手術をしている医院に爆弾を投げ込んだというのです。医者や看護婦が何人も死にました。何という矛盾でしょう！　しかし、このような矛盾は、『原理主義』には常につきまとっています。」（一九頁）

原理主義とは、自分たちの信じる教理や戒律を絶対のものとして、他のものを受け入れない態度のことです。これは、どんな宗教にもありうるものです。

たとえばイスラム原理主義は、アフガニスタンでタリバーンとなり、人類の貴重な遺産であるバーミヤンの石仏を偶像であるとして破壊しました。タリバーンは昨年からまた政権に復帰しました。また同時多発テロ、九・一一事件を引き起こしたＩＳ（イスラム国）も、イスラム原理主義のゆがんだ形であると言えるでしょう。

現代のイスラエル国家において、「ここは神が我々イスラエル人に与えられた約束の土地だ」と聖書を用いて主張するのは、ユダヤ原理主義者です。そしてパレスチナ人を排除してその行為を宗教的に正当化しようとするのです。

あるいはインドでガンディーを暗殺したのはヒンドゥー原理主義者でした。

残念ながらキリスト教の中にもあります。いやキリスト教こそが原理主義の本家本元かもしれません。「十字軍」などというのは、キリスト教原理主義の最たるものでしょう。キリスト教こそ絶対的な真理だ、他は間違っていると主張して、他宗教にも真理があることを認めないし、学ぶ気もない。真の意味での対話ができないのです。

キリスト教原理主義、律法主義に共通するひとつの問題は、聖書の言葉をその文字面で絶対的な言葉として読んでしまうことでしょう。それを通して今も生きておられる神様が新しく語りかけられることよりも、過去の言葉にしがみついてしまうのです。

そこで本当に大事なことは、その文字に仕えるのではなく、その律法を与えてくださった神様に仕えることであると思います。その生きた神様との関係が修復されることこそが、信仰をもって生きるということなのです。パウロは「文字は（人を）殺し、霊は生かします」（コリント一　一三・六）と言いました。

私たちも十戒の一つ一つを学ぶにあたって、「神様は今日に生きる私たちに何を語ろうとされているのか」という御心にこそ耳を傾けていきたいと思います。

今日から見て古い？

もうひとつ、十戒が重んじられないのには、これはもう古いと思われていることがあるのではないでしょうか。これには二重の意味があります。

ひとつは、現代から見て古いということです。今から三〇〇〇年前の言葉が、今日の複雑な時代にもはや通用しない、あてはまらないという理解です。今日にはさまざまな倫理的問題があります。今から一〇〇年前には想像もしなかったような倫理的な問題が起こってきました。生命倫理の問題、安楽死・尊厳死の問題、クローンの問題などは、まさにそうでしょうし、性の問題も、今日さまざまなテーマについて慎重に考えなければならないことがわかってきました。

そうした現代的な問題を考えていくのに、「十戒は古すぎる」と思われるかもしれません。しかし私は決してそうではないと思います。十戒は非常に単純で明快なものです。細かいことは書いてありません。そうであればこそ、この十戒に照らし合わせながら、そこで生きた神の言葉を聴いていくことができるし、聴いていく必要があるのです。そこには、今生きておられる神様との対話が用意されているのです。

新約聖書から見て古い？

もうひとつは、新約聖書に比べて古いということです。十戒をはじめとする旧約聖書の律法は、新約聖書によって克服されているという理解です。キリスト教会の中には、旧約聖書をあまり大事にしない風潮、あるいは軽視する傾向があります。私はそれを是正する意味でも、礼拝においては旧約に基づく説教を新約に基づく説教と同じように大事にするように心がけています。

十戒などの旧約の律法が新約聖書によってすでに克服されているというのは、半分だけ当たっているかもしれません。私たちは確かに旧約聖書を読む時にも、クリスチャンとして読みます。その点で今日のユダヤ教の人たちとはいささか違った読み方をしているのは事実です。新約聖書の光の中で、イエス・キリストという鏡を通して読む。しかしそれは決して、律法が廃棄されるということではありません。廃棄されるべきものは律法ではなく、律法主義です。

「主義」というのがついてくると、どんなものでもあやしくなってきます。「キリスト教主義」というのも、あまりよい言葉ではありません。キリスト教が何かしらの原理原則になり固定化されて一人歩きしてしまいそうです。

パウロはこのように言いました。

「それでは、私たちは信仰によって、律法を無効にするのか。決してそうではない。むしろ、律法を確立するのです。」（ローマ三・三一）

イエス・キリストご自身もこう言われました。

「私が来たのは律法や預言者を廃止するためだ、と思ってはならない。廃止するためではなく、完成するためである。よく言っておく。天地が消えうせ、すべてが実現するまでは、律法から一点一画も消えうせることはない。」（マタイ五・一七～一八）

私たちはそのように、イエス・キリストの鏡の中で、十戒を、新しく、今語っておられる神様の言葉として、読んでいきたいと思います。イエス・キリストは、律法学者の「あらゆる戒めのうちで、どれが第一でしょうか」（マルコ一二・二八）という問いに対して、こうお答えになりました。

「第一の戒めは、これである。『聞け、イスラエルよ。私たちの神である主は、唯一の主である。心を尽くし、魂を尽くし、思いを尽くし、力を尽くして、あなたの神である主を愛しなさい。』第二の戒めはこれである。『隣人を自分のように愛しなさい。』この二つにまさる戒めはほかにない。」

（マルコ一二・二九〜三一）

出エジプト記三一章一八節、三四章一節によれば、十戒は二枚の板に記されたと言われています。一枚目の板には第一戒から第四戒が記され、二枚目の板には第五戒から第十戒までが記されていました。（違う説もありますが、多くはそういう理解です。）

一枚目は神様と人の関係についての戒め、二枚目は人と人との関係についての戒めです。この二枚の板に記された律法を、イエス・キリストは「あなたの神である主を愛しなさい」」、「隣人を自分のように愛しなさい」とまとめられたのでした。

解放と自由をもたらす神

最後に、十戒の序文に注目しましょう。

「私は主、あなたの神、あなたをエジプトの地、奴隷の家から導き出した者である。」（二〇・二、『こどもさんびか』版では、「新共同訳聖書」に従って、〈者〉が〈神〉となっています）

神様はこのように自己紹介をして、十戒を語られました。原語の「十戒」という言葉には、もともと「戒め」という意味はなく、「十の言葉」というふうになっています。この序文は、十戒全体を理解する基調となる言葉です。単なる付け足し、あるいは飾りのようなものではありません。ですから各戒めの前において、たとえば「私は主、あなたの神、あなたをエジプトの地、奴隷の家から導き出した者である。だから殺してはならない」というふうに読んでもよいかもしれません。この序文がすべてを基礎づける言葉になっているのです。

この神様はイスラエルの民を奴隷の状態から解放された神様です。十戒そのものも、この「解放」ということと深いかかわりがあります。「自由」ということと関係しているのです。十戒をまもるということは、束縛を受けること、規定すること、枠の中に閉じ込められることと考えられがちですが、むしろ逆です。解放の神様が私たちを自由へと召してくださっている。ロッホマンという人は、十戒は「自由の道しるべ」であると言いました。

感謝のわざ

先ほどガラテヤの信徒への手紙を読んでいただきました。

「この自由を得させるために、キリストは私たちを解放してくださいました。ですから、しっかりと立って、二度と奴隷の軛につながれてはなりません。…（中略）…きょうだいたち、あなたがたは自由へと召されたのです。ただ、この自由を、肉を満足させる機会とせず、愛をもって互いに仕えなさい。なぜなら律法全体が、

『隣人を自分のように愛しなさい』という一句において全うされているからです。」

（ガラテヤ五・一、一三～一四）

「自由」と「放縦」ということを履き違えてはならないということでしょう。本当の自由とは、神様に仕える自由、感謝をする自由、賛美する自由であります。私たちの本来的な姿は、そうした生活の中にこそあるのです。そして十戒こそは、真の自由への道しるべなのです。

信仰の基本について教えてくれる『ハイデルベルク信仰問答』の中に、十戒の解説がありますが、それは「感謝について」という項目の中に置かれています。感謝する生活。その中に私たちの本来あるべき姿があるのです。そこでこそ、私たちは本当の自由を得る。神様に背く自由、理論的にはそうした自由もあるのですが、そこでは本当の自由は得られない、それは過った道だ、と聖書は告げるのです。これから十戒を学びつつ、そうした神様の御心を、心に留めていきましょう。

（二〇二二年九月一一日）

3 真　心（十戒　Ⅱ）

出エジプト記二〇章三節
マタイによる福音書六章二四節

神学校日

本日は、日本基督教団が定める神学校日です。教会が教会として正しい信仰に基づいて歩んでいくためには、やはり牧師が必要です。そしてそのためには牧師を生み出していく神学校が必要です。さまざまな例外はありますが、基本的にはそういうことであると思います。その例外のひとつに、神学校へ行かずに牧師になる道、日本基督教団ではCコースと呼んでいますが、そういう道が定められています。皆さんもご存じの飯田瑞穂牧師、小井沼眞樹子牧師もCコースで牧師になられた方々です。しかしその場合も、地理的事情や家庭の事情などで行けなかったのであり、神学校の存在は大事だと認識しておられたことと思います。ですから機会あるごとに、神学校のスクーリングに参加し

出エジプト記20:3

たり、聴講をしたり、神学校との交わりをもっておられました。それゆえに神学生以外でも、その準備中の方々に奨励をしていただくように、厳密にいえば、神学校日・伝道献身者奨励日というふうにされています。

他宗教の人々と共に歩む

さて先月から学び始めた十戒の本文ですが、今日からいよいよ十戒の具体的な言葉を一つずつ読んでいくことになりました。第一の戒めは、「あなたには、私をおいてほかに神々があってはならない」（二〇・三）という言葉です。この言葉は、ある意味で非常に排他的な言葉です。他のすべての神々を退ける。「私があなたにとって唯一の神である」と宣言しています。宗教のこうした排他性こそが、今日の紛争の大きな原因だと考える人もあります。

かつて「信徒の友」が、「他宗教と共に歩む」という特集を組んだことがありました（二〇〇二年三月号）。それ以前は、そういう発想もなかったかもしれません。巻頭言にこのように記されていました。

「グローバル（地球規模）の時代になりました。世界が共に生きる時代です。それに対して、人々の間を切り裂き、互いに対立と憎しみを起こさせるものとして、宗教の相違と対立が目立ちます。またそれぞれの地域でも、昔はキリスト教圏とかイスラーム圏などに分かれていたのが、一つの社会に多くの宗教が並立するようになりました。このような宗教多元社会で、他宗教の人々とどのように交わってゆくかが問われています。

今日、暴力や軍事力に訴えてでも自分の宗教を拡大し、支配権を打ちたてようとするような形での宗教的排他主義は許されないことを、多くの人が認識しています……。

キリスト者は、他の宗教についてどのように考え、他宗教の人々とどのように交わったらよいのか。」

中を開いてみますと、牧師と禅宗の僧侶との対談があったり、宗教の違いを超えて部落差別問題にかかわり、協力し合っていること（同和問題にとりくむ宗教教団連帯会議、略称「同宗連」）が報告されたりしていました。その中でも、森本あんりさん（当時は国際基督教大学教授）による「他宗教を尊ぶキリスト教とは～宗教は平和を妨げるものか」

出エジプト記20:3

という論文は、とりわけ有意義なものでした。森本さんは、「もし、一つの宗教を信ずることが、必然的に他の宗教を軽んじたり否定したりすることにつながるのだとすれば、キリストを信じつつ平和を求めることは、はじめから矛盾した不可能なことだ、ということになってしまうでしょう」と言われ、自分の信仰に確信をもつことと他宗教の信仰をもつ人に寛容であることは矛盾しないということを、論理的に述べておられました。

多神教の時代か？

かつて梅原猛という哲学者が「これからは一神教ではなく、多神教の時代だ」ということを言っていました。一神教の文化がいかに多くの紛争を生み出してきたを指摘しながら、宮崎駿のアニメ映画『もののけ姫』や『千と千尋の神隠し』などにあらわれている多神教的平和の世界に目を向けよう、と主張しています（「朝日新聞」二〇〇二年一月一日など）。恐らく多くの日本人が賛同するのではないかと思います。私自身も「確かに一神教を信じる者は反省をしなければならない」と思いましたが、その一方で「さりとて多神教になったからとて、ことは解決するのだろうか。それはいささか安易に過ぎるのではないか」ということを、逆に強く感じました。「一神教がだめだから多神教」というのは、実は本当の神様と出会っていない人の発想ではないかという気がします。

出会いと選び

「信仰」というのは、ある意味で「出会い」のような事柄です。私が聖書の神を信じているのは、数ある宗教を調べて、「やっぱりキリスト教が一番よい」と思って選んだ結果ではありません。私は、私の側からすれば、たまたまイエス・キリストと出会ったのです。私の前には、幼い頃から聖書があり、それを説いてくれる人があり、それらを通してイエス・キリストというお方が語りかけられた。「私を信じなさい」「私に従ってきなさい」と呼びかけられた。それに「はい」と返事をして、クリスチャンになりました。

大人になってから教会へ来られた方は、もしかすると、「自分でキリスト教を選んできたのだ。それなりにいろいろと勉強して、やっぱりキリスト教が一番だと、決断して入信した」とお考えになる方もあるかもしれません。しかしそのような方にとっても、一旦信仰をもつようになった後は、「自分が選んだように思っていたけれども、実はそのような道を、神様が、そしてイエス・キリストが整えていてくださったのだ」ということを改めて感じられるのではないでしょうか。逆に言えば、そうでなければ、まだ本物の信仰ではないという気もします。イエス・キリストは、弟子たちに向かって、「あなたがたが私を選んだのではない。私があなたがたを選んだ」（ヨハネ一五・一六）と言われました。

「あなたには私をおいて他に神があってはならない」という第一の戒めは、実はこのイエス・キリストの言葉、「選び」と深い関係があります。最初に神様の選びがあったのです。そしてその神様と一体どういう関係をもつのかが問われるのです。

前回も申し上げたとおり、この十戒には序文がついています。すべての戒め（言葉）を読む時に、この序文から初めて「それゆえ」を挿入して理解すべきだというようなことを言いました。そのことは、とりわけこの第一の言葉を読む時に大切なことです。

「私は主、あなたの神、あなたをエジプトの地、奴隷の家から導き出した者である。（それゆえ）あなたには、私をおいてほかに神々があってはならない。」（二〇・二～三）

この神様は、自分を「私」と呼び、私たちに向かって「あなた」と呼びかける神様です。「人は」というような三人称ではないのです。これは戒めという以前に、契約の言葉だということを心に留めなければならないでしょう。ですからここで問われているのは、第一義的には、他宗教の信仰に生きる人のことではなく、聖書の神様とその神様から二人称で語りかけられた者、私たちのことなのです。

またここで、「あなたがた」と言わないで、「あなた」と単数形で呼びかけられることにもはっとさせられます。このことは私たち一人一人に向かって、「あなたは」と迫ってくる言葉であります。同時にイスラエルの共同体、神の民、キリスト教的に言えば、教会のことを「あなた」と呼んでおられると読むこともできます。

謙遜と忍耐

「ハイデルベルク信仰問答」は、この第一戒について、次のように記しています。

「問九四　第一戒で、主は何を求めておられますか。

答　わたしが自分の魂の救いと祝福とを失わないために……、唯一のまことの神を正しく知り、この方にのみ信頼し、謙遜と忍耐の限りを尽して、この方にのみすべてのよきものを期待し、真心からこの方を愛し、畏れ敬うことです。」

「謙遜と忍耐の限りを尽くして」とあります。神様を神様として立てるということは、謙遜と忍耐を必要とすることであります。そう簡単ではありません。

聖書の時代から今日まで、この第一戒のために命をかけてきた人々が大勢いたということを、私たちは忘れてはならないでしょう。それはすでにローマ帝国の時代に始まっています。「カエサルを拝め」と言われたことに対し、「いや、まことの神以外は決して拝まない」と信仰を貫いて、多くの人々が殺されていきました。

もっと身近なところで、日本の教会においても、あるいは日本の支配下にあった朝鮮半島の教会においても、そのことが第一に問われたのだということを、私たちは忘れてはならないでしょう。この第一戒の信仰に生き抜くのは、そう生易しいことではないのです。

ボンヘッファー「教会の罪責告白」

ディートリヒ・ボンヘッファーは、ナチス・ドイツの時代に、ヒトラー暗殺計画に加わったということで投獄され、その後に処刑されますが、獄中で、「罪責告白」という文章を遺し、十戒のひとつひとつについて「罪責告白」をしています。
その中で、この第一戒についてはこう記しています。

「教会は告白する。――教会は、イエス・キリストにおいてすべての時代に啓示され、彼と並んでいかなるほかの神をも忍び給わない唯一の神についての使信を、十分公然と明確に宣べ伝えなかった。教会は、その臆病・逃避・危険な妥協の罪を犯したことを告白する。教会は、その見張り人としての役割をしばしば怠った。教会は、その結果、迫害され・軽蔑された人々たちに、負い目を感じて憐みの手をさしのべることをしばしば拒絶した。教会は、罪なき者たちの血が天に向かって泣き叫んでいるゆえに、叫びを上げねばならなかった所でも、口をつぐんだままであった。教会は、ふさわしい言葉を、ふさわしい方法で、ふさわしい時に、見出さなかった。教会は、信仰の背反に抗して血を流すまでに抵抗せず、大衆が神を見失う事態を引き起こしたことに対して、責任がある」（ボンヘッファー『現代キリスト教倫理』森野善右衛門訳、七〇～七一頁）。

これは、とても厳しく重い言葉です。この言葉の背景には、ドイツの教会の多くがヒトラー政権のもとで、ヒトラーの言う通りの教会形成をしていたという罪責の告白があるのです。ボンヘッファーをはじめとする多くの人々が、やはりこの第一戒に徹底して殉教するほどまでに固執したことがうかがえます。

先ほど読んでいただいたマタイ福音書六章二四節の言葉も、それに関係するでしょう。

「誰も、二人の主人に仕えることはできない。一方を憎んで他方を愛するか、一方に親しんで他方を疎んじるか、どちらかである。あなたがたは、神と富とに仕えることはできない。」
（マタイ六・二四）

「富」というのは「マモン」という言葉で、「物質神」とも訳せるものであり、人格をもって私たちに迫ってくるものです。この次の第二戒の「偶像を拝んではならない」にも関係してくるでしょう。私たちは、つい自分に益をもたらしてくれるもの、あるいは一見、自分に安全を与えてくれるかに見えるものにつられ、真の神様よりも、そちらに向かいそうになります。そこでまことの神様に仕える。まことの神様のみを拝む、ということが問われるのです。先ほどのナチス・ドイツの例で言えば、真の神様に仕えるのか、それともヒトラーに仕えるのか、究極の選択が迫られるのです。

真の対話が成り立つ基礎

この主を私たちの生活の中にお迎えし、この主と共に生きること、そこに私たちが揺るぎない人生を送る道があります。それは一見、排他的に見える道ですが、それを通り越したところで、他の信仰をもつ人と共に生きる道も示されてくるのではないでしょうか。

森本あんりさんも、先ほどの論文で示唆しておられることですが、私たちは自分の信仰に確信をもっていて初めて、他宗教の信仰に生きる人々と、真剣な、そして対等な対話ができるのだと思います。別の宗教の人から「自分の信仰に確信がもてないような宗教だったら、対話するに値しない」ということを聞いたことがあります。私は、私の信仰に確信をもっている。彼・彼女も自分の信仰に確信をもっている。そうしたところで初めて本当の対話が成り立つのです。

私にとって、イエス・キリストを通してあらわされた神様は、ある意味で絶対的なものです。そのことがどんなに大事なものであるかということ、それがかけがえのないも

出エジプト記20:3

のであることを本当に知っているからこそ、他の人にとっても同じように、その人の信仰がかけがえのないものであることを共感できるのではないでしょうか。

私たちは聖書を通して、神様から呼びかけられた民です。そしてここに呼び集められた群れです。「あなたには私をおいてほかに神々があってはならない」という神様の言葉を恵みの呼びかけと信じ、そしてその中に、私たちの生きる道を見出していきたいと思います。

（二〇二二年一〇月九日）

4 熱　情（十戒　Ⅲ）

出エジプト記二〇章四～六節
マタイによる福音書六章二二～二四節

熱情の神、妬む神

今回は十戒の、いわゆる第二戒から御言葉を聞いてまいりましょう。最初の言葉は、聖書協会共同訳ではこうなっています。

「あなたは自分のために彫像を造ってはならない。」（二〇・四a）

これまでの新共同訳聖書では、「あなたはいかなる像も造ってはならない」と訳され、「自分のために」という言葉がありませんでした。なぜ抜けてしまったのかわかりませんが、原文では、きちんと「自分のために」という言葉があります。口語訳聖書でも、

「自分のために」という言葉がありましたし、文語訳聖書でも「汝自己（おのれ）のために何（なに）の偶像も刻むべからず」と訳されていました。「新改訳聖書」でも「フランシスコ会訳」聖書でも訳出されています。となれば、これは「新共同訳聖書」の重大な誤訳か、恣意的な訳と言うほうがよいかもしれません。しかも新共同訳版の十戒が『讃美歌21』に九三―三として収載されていますので、その責任は重大であると思います。

なぜそこまで言うのかといえば、この「自分のために」という言葉が、十戒の真意を理解するのにも関係してくるからです。この戒めは他宗教のことを批判するものではなく、元来、自分たちと神様との関係、自分たちがいかに生きるかということのための戒めなのです。続きはこういう言葉です。

「上は天にあるもの、下は地にあるもの、また地の下の水にあるものの、いかなる形も造ってはならない。それにひれ伏し、それに仕えてはならない。私は主、あなたの神、妬む神である。私を憎む者には、父の罪を子に、さらに、三代、四代までも問うが、私を愛し、その戒めを守る者には、幾千代にわたって慈しみを示す。」

（二〇・四b～六）

「妬む神」という部分は、新共同訳聖書では「熱情の神」となっていました。「妬む」と「熱情の」では随分違うように思えますが、原語は〈カンナー〉という言葉でどちらにも訳せるのです。私は、「熱情の神」という訳のほうが好きです。ちなみに、岩波書店版の旧約聖書は、「熱愛する神」と訳し、訳者の木幡藤子氏は、注で「『妬みの』『熱心の』と訳すこともできるが、恵みが罰よりも遥かに大きいという次の内容を考慮してこう訳した」と述べています。

ただ神とイスラエルの関係は、婚姻にもたとえられる、強い絆の契約関係です。それが裏切られる時には妬みをも引き起こす。聖書協会共同訳聖書では、そちらを優先して、かつての口語訳と同じように、「妬みの」としたのでしょう。

また「憎む」と訳されたところは、新共同訳聖書では「否む」でした。原語では「憎む」というニュアンスに近いのですが、内容的には「否む」のほうがぴんと来るかと思います。神様を積極的に「憎む」という人はそう多くないでしょうが、「否む」人は多いでしょう。その後で、「私を愛し、その戒めを守る者には、幾千代にわたって慈しみを示す」と記されています。神様の慈しみは罰をはるかに超えているのです。

十戒の数え方

この「私を憎む者」以下の説明は、第一戒の「あなたには、私をおいてほかに神々があってはならない」とも関係があるのです。むしろ今回の第二戒よりも第一戒との関係のほうが深いと思います。実を言うと、十戒にはいくつかの数え方があります。第一戒と私たちが第二戒と呼んでいるものをあわせて、一つと数えることもあるのです。

カルヴァン主義の伝統の改革派教会をはじめとして、聖公会を含むほとんどのプロテスタント教会では、私たちが今回しているように、この偶像崇拝禁止の戒めを、第二戒と数えています。ギリシャ正教でも同じです。

しかしローマ・カトリック教会、またプロテスタント教会でも比較的カトリック教会の要素を残しているルーテル教会では、この「あなたは自分のために彫像を造ってはならない」というのを、第一戒の続きとして読むのです。そのため「偶像の禁止」というのが、あまり前面に出てきません。それでは全部で九つにしかならないことになりそうですが、最後の戒めを、「隣人の家を欲してはならない」と、「隣人の妻、男女の奴隷、牛とろばなど、隣人のものを一切欲してはならない」の二つに分けて、第九戒、第十戒とするのです。

本家本元のユダヤ教ではどうかというと、やはりローマ・カトリックやルーテル教会と同じように、最初の二つの戒めを一つと数えます。しかし最後の戒めは改革派と同じように一つと数えます。そうするとやはり九つにしかなりません。まあ九つでもよいかと思われるかもしれませんが、そうはいかない面もあるのです。出エジプト記三四章に、こういう言葉があるのです。

「モーセはそこに、四十日四十夜主と共にいて、パンも食べず、水も飲まなかった。彼は、板の上に契約の言葉、十の言葉を書き記した。」（三四・二八）

この「十の言葉」から、「十戒」と呼ばれるようになるのですが、ここからもわかるように、もともとは「十の戒め」ではなく、「十の言葉」でした。さてユダヤ教の数え方に戻りますと、戒めの部分は、先ほど申し上げたように、全部で九つなのですが、私たちが序文と呼んでいる言葉、「私は主、あなたの神、あなたをエジプトの地、奴隷の家から導き出した者である」という言葉を第一の言葉と数えて、「十の言葉」とするのです。

さて少し煩雑な説明になりましたが、これはただ単に知識ということだけではなく、十戒の内容を理解する上でも意味があると思います。特に第一戒といわゆる第二戒は切り離せないものであることを、ご理解いただきたいと思いました。

神は像の中にはいない

それではこのいわゆる第二戒は、一体何を禁じているのでしょうか。これも、実は二つの理解があるのです。

一つは、「まことの神（ヤハウェ）以外の他の神々の像を刻んで拝んではならない」ということです。先ほど来、申し上げているように、これは第一戒を別の表現で深めているということができるでしょう。

もう一つの理解は、自分たちの「神の像（ヤハウェの像）を、刻んで拝んではならない」ということです。先ほどの「自分のために」という言葉が入っていると言いましたが、むしろこちらの理解の仕方のほうが本来的であるように思われます。

神様は、どこかの像に納まるようなお方ではない。人間が何か形を作るならば、その中には神様はいない。刻んで拝み始めたとたんに、偶像になってしまうのだということです。ただしこの二つ目の理解が本来的であるにしても、一つ目の理解も重要であると思います。

神が人を造られた。聖書は高らかにそう宣言するのです。人が神の像を造る時に、それが逆転し、矛盾に陥ってしまうのです。預言者たちも、そのことを何度も何度も語ってきました。

「偶像を形づくる者は皆空しく
彼らが慕うものは役に立たない。
彼ら自身が証人だ。
彼らは見ることもできず、知ることもできず
ただ恥じ入るだけだ。」

（イザヤ書四四・九）

そして（第二）イザヤは、人は木材を用いてさまざまなものに役立てるが、「残りを神に造り上げ、自分の偶像とし　その前にひれ伏して拝み、祈って言う。『救ってください。あなたは私の神だから』と」（イザヤ書四四・一七）と皮肉るのです。

「自分の偶像」と記されていますが、偶像を拝むということは、まさに、自分に都合

出エジプト記20:4－6

のいいように神様を立てることです。自分の願いをかなえてくださる神様。それを私たちは造り、拝みたがるのです。そんな神は力がない。それは客観的に見ればわかることです。預言者が示している通りです。

それを拝んでいる本人は気づいていないのでしょうか。いや無意識のうちに力がないからかえってよい、と思っているのかもしれません。自分の都合によってそれを拝み、都合が悪くなれば、それを処分することができる。そういう神様を、私たちはお守りとして大事にもっていたがるのです。

多くの日本人は、ある時は神社に行って拝み、ある時はお寺に行って拝み、ある時は教会に行って礼拝をします。それは一見、信仰的に見えますが、実はどの神様をも本当は信じていないのではないでしょうか。自分で神様を勝手に取捨選択しているのです。本音のところでは、神様が自分の生活に深い影響力をもっていては困ると思っているのではないでしょうか。

宗教芸術との関係

偶像を刻んで拝む、ということで、さまざまな宗教芸術との関係についても考えさせられます。アフガニスタンのイスラム原理主義を掲げるタリバーンが以前に政権をとっていた時に、バーミヤンというところにある巨大な石仏を爆弾で破壊するという野蛮な事件がありました。イスラム教では、偶像禁止の戒めがもっと直接的、もっと厳格に理解されています。ましてや原理主義となりますと、「あんな石仏はとんでもない」ということになったのでしょう。それは一種の文化否定です。私は、そうした宗教芸術や文化がそのまま偶像崇拝になるとは思いません。イスラム原理主義に限らず、日本に入ってきたキリスト教も、まさにそうした面がなかったわけではありません。外国からやって来た宣教師たちは、「クリスチャンになったら、仏壇は捨ててしまいなさい。処分してしまいなさい」と指導したようです。

お焼香などについて

お焼香という行為についても、偶像崇拝と考える人もいますが、私自身は、偶像崇拝とは考えません。お焼香は、私にとっては亡くなった方の信仰に対する敬意を表すことです。ただしそれが誰かをつまずかせることにならないかどうか、配慮をします（コリント一 八・一二～一三）。もっとも逆にそれをしないことで誰かをつまずかせるならば、そちらも配慮しなければなりません。どちらかと言えば、後者のほうが多いでしょう。そうした事柄から判断すればよいことであろうと思います。

私にとって、なぜそれが偶像崇拝にあたらないのかと言えば、それは私の信仰を脅かすものではないからです。偶像とは、神様に取って代わって、神様の位置を占めてくるような何かです。仏像を見ることとか、仏壇の前で手を合わせることで、私は自分の信仰が脅かされるとは思いません。ただしそれが政治的意味合いをもってくる場合は別です。靖国神社参拝などのような場合です。その時には、偶像崇拝的な意味合いをもってくる。それを見極めることが難しいのですが、基本的にはそういうことであろうと思います。

もっとこわい偶像

むしろ私には、目に見えない形で、神様に取って代わろうとするものがある。私に、「私を拝め」と迫ってくるものはもっと別のものです。それは身近なところではお金であり、お金を象徴する何かしらのものです。そちらに頭を下げたくなる。また時には武力であったり、権力であったりします。そちらのほうが神様よりも力あるように見える。神様に頼るよりも、お金に頼ろうとする。神様に頼ろうとするよりも、力に頼ろうとする。私はそうした事柄の中に、もっと根深い偶像崇拝の危険性を感じるのです。この「偶像」は気がつかない形で私たちに忍び寄ってきますから、目に見える「像」よりもたちが悪いし、こわいのです。

前回は、マタイ福音書六章二四節の「誰も、二人の主人に仕えることはできない。……あなたがたは、神と富とに仕えることはできない」という言葉を読みました。神様に取って代わって、私の主人になろうとするのは、「富」だということがいみじくも示されています。私たちはそれを神ではなく、自分の自由になるモノだと考えています。ところが、そのモノであるはずの何かがいつの間にか自分の主人の座を占めるようになり、自分を支配してくるのです。いつしかそれにとらわれてがんじがらめになり、それを失わないために、他のものを犠牲にするようになってしまう。モノが神になる時に、私たちのほうがいつの間にかその奴隷、僕になってしまうのです。

私たちはまことの神様を拝むと言いながら、実はそれ以外のものに頼ろうとしていないでしょうか。神様だけだと頼りないから、同時にお金にも頼る。神様だけだと頼りないから、同時に武力にも頼る。それが自分を守ってくれる。国を守ってくれる。そう思っているのではないでしょうか。

真っ直ぐに神を見つめて

そうした偶像崇拝の誘惑の中、私たちはどのようにして信仰を保っていけばよいのでしょうか。それは「まことの神様以外の何者をも神としない」という第一戒を徹底する以外にないのではないでしょうか。

先ほどのマタイ福音書のすぐ前の箇所に、こう記されています。

「目は体の灯である。目が澄んでいれば、あなたの全身が明るいが、目が悪ければ、全身も暗い。」
（マタイ六・二二）

「目が澄んでいる」とは、「焦点が合っている」という意味です。「目が悪い」とは、逆に「焦点が合っていない」ということです。二つのものを同時に見ようとする時、私たちの目は暗くなります。新共同訳聖書の言葉で言えば「目は濁る」のです。真っ直ぐに神様、イエス・キリストを見つめて、信仰の道を歩んでいきましょう。

（二〇二三年一一月二〇日）

5 御 名（十戒 Ⅳ）

出エジプト記二〇章七節
マタイによる福音書七章二一～二三節

名は体を表す

「あなたは、あなたの神、主の名をみだりに唱えてはならない。主はその名をみだりに唱える者を罰せずにはおかない。」
（二〇・七）

名前というのは人格と深く結びついています。「名は体を表す」と言います。「誰かの名を尊ぶ」ということは、その名前をもつ人を尊ぶ、ということであり、「名を軽んじる」ということはその人を軽んじるということです。誰かの名前が汚されるということは、その人の人格が傷つけられるということです。また収容所などで、名前ではなく、識別番号で呼ばれるということは、その人格が無視され、否定されるということに他な

出エジプト記20:7

りません。

私たちに名前をつけてくれたのは、多くの場合、私たちの両親でありましょう。あるいは祖父母であるかもしれません。しかしもっと深いところで、そのような人たちを通して名前を与えられたのは神様だと言ってもよいでしょう。

神様は私たちを製品番号や識別番号ではなく、一人ひとりの名前で呼んでくださる。私たちと人格的な交わりをもとうとされる。私たち一人ひとりは、神様の「作品」だ、大事な、かけがえのない存在だということを、聖書は私たちに告げています。

エホバか、ヤハウェか

それでは聖書の神様は、どういう名前なのでしょうか。昔の文語訳聖書では、「エホバ」という名前が記されていましたが、それ以降の聖書では、口語訳も、新共同訳も、聖書協会共同訳も、名前ではなく、「主」という一般名詞に置き換えられています。あるいは最近では、「エホバ」よりも「ヤハウェ」（あるいは「ヤーウェ」）と言うのですが、神様の名前が変わったのかと思われる方もあるかもしれません。実は「エホバ」という名前が間違って広まっていたのですが、そこには少し複雑な事情があるのです。説明が難しいのですが、興味深いことですので、できるだけわかるように説明してみましょう。

旧約聖書（のほとんどの部分）はヘブライ語で書かれていますが、ヘブライ語というのは不思議な言語で、アルファベット二二文字がすべて子音なのです。母音の文字がありません。子音しかないとアイウエオが表記できないではないかと思う人もあるでしょうが、最初の「アレフ」というのはただ口を開けるだけという子音です。ゼロみたいなものです。それに母音をつけると、アイウエオになる。昔のイスラエルの人は、この子音だけの文字で、その文脈に即した母音をつけて文章を読むことができました。しかし後の人は、それだけでは読めないということで、AD七世紀頃の聖書学者が母音符号というものを作って、それをアルファベットの下につけました。

神様の名前は、ヤハウェなのですが、ローマ字で言うと「YHWH」にあたる文字が、これにあてられています。「神聖なる四文字」と言われます。しかし「ヤハウェの名をみだりに唱えてはならない。」という戒めがあったせいか、この「YHWH」という名前が出てくると、ヤハウェという名前で呼ぶことを避けて、「主」（アドナイ）という一般名詞で置き換えたのです。たとえば、詩編二三編は「YHWHは私の羊飼い」と書いてあるのに、「主（アドナイ）は私の羊飼い」と読んだのです。

さらには、「YHWH」をわざわざ「アドナイ」と読ませるために、「YHWH」の文字の下には、アドナイの母音符号「e・o・a」をつけました。「YHWH」に、この「e・o・a」という母音を重ね合わせますと、YeHoWaHとなります。これをそのまま読めば「エホバ」となります。ここから神様の名前は「エホバ」だと誤解されてきました。しかし神様の名前は、エホバではなく、ヤハウェだということが学者の研究から明らかになってきたわけです。

そのようなややこしい事態になったのも、この戒めと関係があるのでしょう。

神の名は力をもつ

「みだりに」とはどういうことでしょうか。日本語の「みだりに」は、『広辞苑』では、「①筋道の通らないこと。②分を超えること。③むやみ、でたらめ。」となっています。ここからもわかるように、単純に「主の名を口にしてはならない」ということではありません。むやみにではなく、でたらめにではなく、分をわきまえて主の名を唱えることが重要なのです。

「みだりに」と訳されたヘブライ語（ラッシャーウ）は、「空しいことのためにという意味があります。さらにその元になっている言葉（シャーウ）には、邪悪、虚偽、空虚などの意味があります。「偽って」また「呪って」という意味ももっている。

神様は名前をもっておられて、ご自分のほうからイスラエルの民に向かって、それを明らかにされた方です。自分が「主人」であるということを明らかにされただけではなく、名前を明かされたのです。神様がモーセをエジプトに遣わされた時、「私はいる、という者である」（三・一四）と言われました。この「私はいる」というのが、ヤハウェという名前の由来だと言われます。

神様は、そのようにして、モーセに対してご自分の名前を示し、権威を与えられました。昔の考えでは、名前を知ることによって、その名前の人（あるいは神様）の力が名前を知った人に宿るとされていました。それゆえに、神様の名前をもって誰かを呪ったりすることも行われていたようです。「主の名をみだりに唱えてはならない」ということは、その名前をもって誰かを呪ったりするなど、軽々しく、自分勝手に口にしてはならない、ということも意味していました。

イエス・キリストという名

さて旧約聖書の中で、ヤハウェという名前でご自分をあらわされた神様は、新約聖書においては、イエス・キリストという名前で、もっと親しくご自分をあらわしてくださったと言ってもよいでしょう。

イエス・キリストは、「二人または三人が私の名によって集まるところには、私もその中にいるのである」（マタイ一八・二〇）と約束してくださいました。

あるいは、ペトロが「ナザレの人イエス・キリストの名によって立ち上がり、歩きなさい」（使徒言行録三・六）と宣言した時に、歩けなかった人が歩き出したということが聖書の中に記されています。

イエス・キリストの名前は、イエス・キリストの権威を意味しており、その名前を口にする時、その力がそこに降るということを意味しているのです。だからこそ、その名前を、自分勝手のために使ってはならないのです。

ボンヘッファー「教会の罪責告白」

私は、二〇〇四年六月、ローマで開かれた第九回国際ボンヘッファー協議会という学会に参加しました。その閉会礼拝で、南アフリカのジョン・デ・グルーチーは次のように語りました。

「クリスチャンという名前は、偉大さと恥、栄誉と不名誉の両方を受け継いでいる。私たちはキリストの名において行ったことのうち多くのことは過ちであったことを知っている。宗教裁判、十字軍、ユダヤ人虐殺。ボンヘッファーはこの過ちを深く認識していた。しかしキリスト教は偉大さと栄誉という財産ももっている。それは力よりも弱さの中に、他者を支配することよりも仕えることの中にこそ現れてきたのである。」

興味深い言葉です。キリスト教の偉大さと栄誉は、一般に考えられているように、力の中ではなく、弱さの中にこそ現れてきたというのは逆説的ですが、はっとさせられます。このデ・グルーチーの言葉は、実は、ボンヘッファー自身のある言葉を前提にしています。

前々回の説教（「真心」）でも触れましたが、ボンヘッファーは一九四一年という年、ヒトラーがナチスを通して大きな力をもち、キリスト教会ですらもユダヤ人迫害に対して協力的になってしまった時代に、「教会の罪責告白」という文章を書き残しました。「主の名をみだりに唱えてはならない」という戒めに関しては、このように書きました。

「教会は告白する。――教会は、イエス・キリストの御名をこの世の人たちの前で恥じ、この御名が悪い目的のために間違って用いられることに対して力を尽くして防ぎ止めることをしなかった。そのことによって、彼の御名を誤用するという罪を犯した。すなわち教会は、キリストの御名を口実として暴力的行為と不正とが行われるのを見過ごしにした。教会はしかしまた、このいと聖なる御名が軽んじられることに対して、抵抗せずになすがままにされ、そうすることによってむしろ、そのことを促進した。神はその御名を悪用する者を罰せずにはおかないことを、教会は知っている」（『現代キリスト教倫理』七二頁）。

これは彼がひそかに書き記し、戦後、彼がナチスによって処刑された後で発見された文章です。教会はイエス・キリストの名によって、神様の御心に反することをしているということを、彼は深い懺悔の心をもって書き記したのでした。

ヒトラーは政権を取った最初から、自分たちの政権は「キリスト教的」であると標榜していました。それによって彼は教会を取り込み、自らの野望のために利用するつもりでした。一九三二年に全国規模で「ドイツ的キリスト者信仰運動」が起こりますが、ヒトラーは全面的な支持を与えて、事実上、ヒトラーの支配のもとで「帝国教会」を形成したのでした。そしてこのグループの「基本方針」には、はっきりと「反ユダヤ主義」が掲げられていました。つまり、これに参加した教会の人たちは、「ユダヤ人迫害」と「ホロコースト」を、キリストの名において是認し、協力したと言えるでしょう。ボンヘッファーが「イエス・キリストの御名が悪い目的のために間違って用いられた」というのは、このことを指しているのです。これは十戒の「第三戒」を犯した一つの例と言えるでしょう。

日本の教会が犯した罪

しかしドイツだけではなく、実は日本の教会でも、同じようなことが行われていました。一九四一年、太平洋戦争が始まる年に、今まで幾つもあったプロテスタントの教派が軍事政権の圧力のもとに一緒にさせられて「日本基督教団」が誕生します。その最初の代表者が富田満という牧師でしたが、彼は、日本が支配している東アジアの諸地域、台湾や朝鮮半島の教会宛てに「大東亜共栄圏に在る基督教徒に送る書簡」を送っています。そこには、日本の侵略戦争が正しい戦争であると、キリストの名において記されているのです。

私たちは、あの戦争において、日本の国の指導者だけではなく、教会もまたそのお先棒を担いだということを忘れてはならないでしょう。富田満牧師は、その数年前に、平壌に行って、朝鮮のキリスト教会の代表者、約一二〇名を集めて、神社参拝をするように勧めているのです。キリストの名において、「偶像を拝みなさい」と勧めたと言えるでしょう。

そのようなことは、いつでも起こりうるし、今日でも起こっているということを忘れてはならないでしょう。プーチンの傍らで、ウクライナへの侵略戦争を正当化するロシアの正教会の総主教もこの罪を犯していると言えるのではないでしょうか。

神の名で自分を正当化する

マタイ福音書七章二一節以下に、こう記されています。

「私に向かって、『主よ、主よ』と言う者が皆、天の国に入るわけではない。天におられる私の父の御心を行う者が入るのである。その日には、大勢の者が私に、『主よ、主よ、私たちは御名によって預言し、御名によって悪霊を追い出し、御名によって奇跡をたくさん行ったではありませんか』と言うであろう。その時、私は彼らにこう宣告しよう。『あなたがたのことは全然知らない。不法を働く者ども、私から離れ去れ。』」（マタイ七・二一～二三）

厳しい言葉です。神様の名前、イエス・キリストの名を唱えていても、信仰深いとは限らないということです。かえってその名を、御心に反する形で、悪い方向に使っているかもしれません。

今日の世界においても、神様の名前（ヤハウェ、イエス・キリスト）が安易に語られ過ぎるということを深く憂えます。（名前ではありませんが、アッラー〈「唯一の神」の意〉についても同様でしょう。）自分のため、自分の国のために、神様の名前をもち出す。本当は自分たちの利益のために戦争をしかけておきながら、その戦争を正当化するために、神様の名前を利用する。私たちは、「聖書の神様は、そんなことは言っていない。それはむしろ、神様を冒瀆することではないか」と強く語っていく必要があるのだと思います。

ただイエス・キリストの名前は、私たちを深く包み込み、私たちを導き、深く悔い改

出エジプト記20:7

めさせてくれる力をもっているものと、私は信じます。イエス・キリストの名を本当の意味で尊び、深く悔い改める者を、イエス・キリストは受け入れてくださり、その名前によって、私たちを赦してくださいます。深く、畏敬の念をもって、神様の名前を、自分の都合のために語るのではなく、本当の神様の御心のために口にしながら、進んでいきたいと思います。

（二〇二三年一月二九日）

6　安　息（十戒　V）

出エジプト記二〇章八～一一節
マルコによる福音書二章二三～二八節

「休め」という戒め

今回は十戒の中のいわゆる第四戒、「安息日を覚えて、これを聖別しなさい」という言葉から御言葉を聞いていきましょう。

「安息日を覚えて、これを聖別しなさい。六日間は働いて、あなたのすべての仕事をしなさい。しかし、七日目はあなたの神、主の安息日であるから、どのような仕事もしてはならない。あなたも、息子も娘も、男女の奴隷も、家畜も、町の中にいるあなたの寄留者も同様である。」（二〇・八～一〇）

「聖別する」というのは、最初から聖いものとして、区別して取り分けるということです。一週間のうちの一日を労働の日ではなく、安息の日として取り分ける。七日サイクルのライフスタイルは、今では世界中で定着していますが、もともとは聖書の文化に由来しているのです。

この安息日律法にはさまざまな意味がありますが、まず単純に「一週間に一度、休む」ということが、戒めとして告げられていることを、心に留めたいと思います。これは私たちが普通に考える命令とは違います。命令であれば、「働きなさい」というほうがよくわかります。「なまけるな！」ところが、面白いことに十戒の中には、「働きなさい」という戒めはないのです。私たちが働かなければならない根拠を聖書の中に探すとすれば、創世記の中のアダムとエバの話を挙げることができるかもしれません。

「あなたは生涯にわたり　苦しんで食べ物を得ることになる。……土から取られたあなたは土に帰るまで　額に汗して糧を得る。あなたは塵だから、塵に帰る。」
（創世記三・一七～一九）

この言葉にも深い意味がありますが、あまり話を広げないようにしましょう。とにかく十戒の中には、「働きなさい」という戒めはないのに、「休みなさい」という戒めがあるのです。このことからして私は、十戒が恵みの言葉であることを、よく示しているように思います。

私たちは、休むことに対して、どこか後ろめたい気持ちをもっているのではないでしょうか。特に日本人は、そういう傾向が強いように思います。「働け、働け」で、ずっとやってきた。日曜日と言っても何をしてよいかわからない。教会に行くわけでもない。ゴルフに行くか、さもなければ会社に行ってしまう。ワーカホリック（仕事依存症）という言葉があります。何か仕事をしていないと落ち着かない。以前の日本人は、「月月火水木金金」と言って、休みなしに働いたと聞きます。定年退職なさった方で、「毎日が日曜日、サンデー毎日です」と言う人が時々いますが、「サンデー毎日」だったら、牧師は体がもちません。逆に時々、「牧師さんは、週休六日ですか」とおっしゃる方がありますが、もちろんそんなことはありません。原稿執筆など、昼も夜もずっと仕事をひきずっています。信徒訪問もあります。ただし私も意識的に、どんなに仕事がたまっていても日曜日の夜だけは、原則、仕事をしないで、ＤＶＤなどで映画を観ることにしています。

休暇はとても大事

　話は広がりますが、有給休暇というのも、日本では実際には、その日数の全部を取ることは難しいと聞きます。最近では、働き方改革で随分変わってきたようですが、それでも、「有給休暇を全部取って帰ってきたら、自分のデスクがなくなっているよ」と、冗談交じりの本音のようなことをしばしば聞きます。

　その点、ブラジルでは違いました。休暇についての社会全体のコンセンサスがあります。お金はなくても、休日の過ごし方、休暇の過ごし方をよく心得ていました。ちなみに雇用者は誰かを一年間雇ったら、一か月の休暇を与えなければならないという法律があり、それはきちんと守られています。一か月まとめて取ることのできない仕事の人は、年に二回に分けて取ったりしていました。牧師も同様でした。メソジスト教会の場合には、大晦日の夜（ニューイヤーズ・イブ）、夜一一時に教会に集まって礼拝をします。一月第一日曜日の分の聖餐式を前倒しにいたします。一二時になって年が明けたら、「あけましておめでとうございます」と挨拶をし、「では二月一日にお会いしましょう」という感じでした。一月は夏休みですが、日曜日の礼拝は、隠退牧師や神学生が活躍します。信徒の方の奨励もあります。また平日には、教区が一週間ごとに、青年キャンプ、女性修養会、壮年修養会などの大型行事を入れます。国民みんなが一か月の休暇を取るので、牧師も後ろめたくなく休むことができます。

今週の水曜日は受難節の始まる灰の水曜日ですが、ブラジルではその直前の今の時期、カーニヴァルをやっています。ブラジルでは、よく「カーニヴァルの四日間のために一年間働くのだ」と言われます。もちろん誇張がありますが、休みを取るために働くというのは、私は、案外、聖書に即しているのではないかと思いました。それについては後で、少し申し上げます。

ブラジル人を見習う必要はないかもしれませんが、意識的に、そのように仕事を中断するのは大事なことではないかと思わされます。いかなる仕事であれ、そこで一旦仕事を中断することで、心も体もリフレッシュされて、また新たな気持ちで仕事を再開することができるようになります。

日本人が休暇というものを、消極的に認めるに留まり、そこに積極的意義をなかなか見出せないのは、やはり「休む」「仕事を中断する」ということを、神様の戒めとしてとらえるセンスに欠けているからではないかと思います。実は、英語のホリデー（休日）というのは、もともと「聖なる日」という意味の言葉です。

天地創造を覚えて

この戒めは、その後に根拠が示されています。

「主は六日のうちに、天と地と海と、そこにあるすべてのものを造り、七日目に休息された。それゆえ、主は安息日を祝福して、これを聖別されたのである。」

（出エジプト記二〇・一一）

安息日を守るということは、神様の天地創造に由来しているのです。

「第七の日に、神はその業を完成され、第七の日に、そのすべての業を終えて休まれた。神は第七の日を祝福し、これを聖別された。その日、神はすべての創造の業を終えて休まれたからである。」

（創世記二・二～三）

業そのもの、仕事そのものは六日で終わっているのに、第七の日にその仕事を完成されたというのです。これは、意味深いことです。仕事は安息をもって完成する。極端な言い方をすれば、その安息日のために、仕事日があると言ってもよいかもしれません。そこで改めて六日間の仕事を振り返って、それを確認し、喜ぶのです。

安息日は、休息を取る日であると同時に、神様の創造の業をたたえる日です。そこで私たちは、自分自身が神様によって造られた者であることを新たに覚え、神様の創造の業を感謝するのです。

出エジプトの出来事を覚えて

十戒は、出エジプト記の他に、申命記五章にも出てきますが、申命記の十戒のほうは、安息日律法の根拠が少し違っています。

「七日目はあなたの神、主の安息日であるから、どのような仕事もしてはならない。あなたも、息子も娘も、男女の奴隷も、牛やろばなどのすべての家畜も、町の中にいるあなたの寄留者も同様である。そうすれば、男女の奴隷も、あなたと同じように休息できる。あなたはエジプトの地で奴隷であったが、あなたの神、主が、力強い手と伸ばした腕で、あなたをそこから導き出したことを思い出しなさい。そのため、あなたの神、主は、安息日を守るようあなたに命じられたのである。」

（申命記五・一四～一五）

出エジプト記のほうでは、天地創造を安息日の根拠としていましたが、申命記のほうでは、出エジプトの出来事を根拠にしています。「神様があなたたちを解放された。そのことを覚えて、安息日を守れ」というのです。だからここでは、自分自身が解放されたことを喜ぶと同時に、他の人たちや家畜たちを自由にすることが求められています。ここに、安息日を覚える二つ目の大事な意味があります。

他人をも休ませる

私たちは、それが命令、あるいは法律による義務として示されなければ、なかなか人を休ませることをしないのではないでしょうか。あるいは逆に誰かのもとで働いている人は、それを正当な権利として、休むということを言いにくいのではないでしょうか。奴隷であれば、なおさらでしょう。

「休め」「仕事を中断せよ」というのは、そのように私たち自身への解放のメッセージであると同時に、横の広がりをもっています。これは大事なことです。

十戒は二枚の板に刻まれたと言われています。前半と後半に分けられる。前半は神様と人との関係についての戒め、後半は人と人との関係についての戒めです。安息日律法は、前半に属するものですが、ここには人と人との関係のことも含まれている。私たちが自由にされたように、他の人も休ませなければならない。そうだとすれば、この安息日律法は、一枚目の板の戒めでありつつ、二枚目の板への移行を示しているということもできるでしょう。

安息日の戒めは、週の七日目に休息するという意味だけに留まりません。七年に一度、土地を完全に休ませるという安息年の戒め、さらに七回目の安息年の翌年（つまり五〇年目）には売却されていた土地を返還し、奴隷を解放しなければならないというヨベルの年の戒め（レビ記二五章参照）とも結びついています。またそれは現代世界の仕組みを変えようというグローバルな考えにもつながっています。一九九〇年代に、世界の最貧国が抱える返済不能な累積債務を、西暦二〇〇〇年を機に帳消しにしようという「ジュビリー（ヨベル）二〇〇〇」というキャンペーンが世界的に広がりましたが、その根底にあるのがこの律法の精神でした。

ボンヘッファーの「罪責告白」

前回、「主の名をみだりに唱えてはならない」の箇所で、ディートリッヒ・ボンヘッファーが、十戒に即して、教会の罪責告白という文章を書き残したことを紹介しました。ボンヘッファーは、この安息日律法のところでも、とても興味深い言葉、罪責告白を書いています。

「教会は告白する。――教会は、祝い日を失い、その礼拝を荒廃させ、日曜日の安息を軽視するという罪を犯した。教会は、休息の喪失と不安に対し、しかしまた、労働日を越えての労働力の酷使に対して責任がある」（『現代キリスト教倫理』森野善右衛門訳、七一頁）。

これは、当時のナチスによる「ユダヤ人の強制労働」のことを念頭において書かれたと言われます。ユダヤ人は、クリスチャンよりもさらに厳格に、安息日を守ります。しかしそのユダヤ人たちを強制労働に駆り出し、しかも休ませないで働かせた。教会がそのことを是認したことは、明確な律法違反であると言ったのです。

安息日律法の精神

また安息日律法を守るという時に、その文字面を守るということよりも、そこにどういう神様の意図が込められているか、安息日律法の精神がどこにあるかということを考えなければならないでしょう。日曜日に働かなければならない人もいます。よく言われることですが、皆さんが今日、教会に来ることができたのは、電車やバスが動いているからです。タクシーで来られた方もあるかもしれません。私たちの礼拝はその人たちの働きに負っているわけです。その他にも日曜日に働かざるを得ない人はたくさんいます。医療従事者の方々もそうでしょう。そういう人のことを指して、「安息日律法を守っていない」とは言えません。

イエス・キリストも、ファリサイ派の人々から、「安息日にしてはならないことをしている」と非難されました。しかしそこで、こう切り返されました。

「安息日は人のためにあるのであって、人が安息日のためにあるのではない。だから、人の子は安息日の主でもある。」

（マルコ二・二七）

本当に大事なことは、そこで安息日律法をただ形式的に守っているかどうかよりも、その精神をきちんと理解しているかどうかであると思います。

復活と永遠の安息

キリスト教会は、かなり早い時期から、土曜日ではなく、日曜日に礼拝をするようになりました。なかにはセブンスデー・アドベンティスト（ＳＤＡチャーチ）のように土曜日に礼拝する教派もありますが、多くのキリスト教会が土曜日から日曜日に礼拝の日を移したことには、積極的な意味があるのです。なぜクリスチャンが日曜日に礼拝するようになったのか。それは、日曜日がイエス・キリストの復活の日であったからです。そして復活と安息には、深い関係があります。

神様が六日で世界を造られ、七日目に安息なさったということは、神様の長い歴史全体を象徴しているように思います。この世界は、神様の計画の中で動きながら、最後には安息がある。安息でもって終わることが約束されているのです。

もう少し小さな枠組みで言えば、私たちの人生もそうでしょう。ひたすらこの世界で働いて、ぱたっとそれっきりで終わってしまうのではありません。終わりには安息がある。大いなる安らぎ、憩いがある。永遠の安息のうちに入れられる。聖書は、そう約束しているのです。そうだとすれば、安息と復活は切り離すことはできません。私は主の復活の日、日曜日に安息を祝うのは、まことにふさわしいことであると思います。

その憩い、安息を、それぞれの人生が終わる前に、あるいはこの歴史が終わる前に、私たちは一週間に一度、週ごとに、前倒しに味わわせていただいていると言えるのではないでしょうか。

（二〇二三年二月一九日）

7　父　母（十戒　Ⅵ）

出エジプト記二〇章一二節
テモテへの手紙一　五章一～八節

二枚目の板の最初の戒め

今回は十戒の第五戒、「あなたの父と母を敬いなさい」という戒めを心に刻みましょう。前回、「十戒は二枚の板に記され、一枚目は神と人との関係について、二枚目は人と人との関係、隣人との関係について記されている」と申し上げました。その二枚目の最初が、この「あなたの父と母を敬いなさい」という戒めです。

考えてみますと、父と母というのは、私たちがこの世界で最初に出会う隣人です。そこから私たちの人付き合い、人間関係が始まっていくのです。父と母がいなければ、私たちはこの世に生まれることはありませんでした。私たちは何よりもまず、その重みをわきまえているかということでしょう。「その重みにふさわしく接しなさい。」子どもの側からすれば、「何でこの家に生まれたのか、もっと他の家に生まれたほうがよかったのに。あの家の子どもはいいなあ」と思うこともあるかもしれません。子ども時代には一度はそう思うことがあるのではないでしょうか。しかし私たちは「その父」と「その母」のもとで、この地上に生を受けたのです。私たちが選んだのではないけれども、そこが私たちの人生の出発点です。その二人がいなければ、今自分がここで生きていることもなかったのです。

神の選び

そこには、神様の選びがありました。神様がその両親を通して、そこを入口として、私たちをこの世へ送り出してくださったのでした。

両親にとっても、その子を自分で選んだとは言えないでしょう。親の側からしても、もしかすると、よその家の子を見てうらやましいと思うこともあるかもしれません。しかし神様がその子どもと自分たちを出会わせてくださったのです。そのように親子の関係を考える時にも、そこに神さまが介在しておられるということを思います。

もちろん、父母というのは、産みの親だけではないでしょう。自分を産んでくれた親と、育ててくれた親が違う場合もあります。しかしその場合もやはり、その育ての親がいなければ、今の自分はなかったでしょう。自分の人生はその親に負っているということを感謝したいと思います。

大人に対する教え

この戒めは、ある意味で子どもにはよくわかる戒めでしょう。「お父さんお母さんを敬って、言うことをよく聞きなさい。」子どもは、親の庇護のもとにあり、それなしに生きていくことはできません。わかる、わからないにかかわらず、必然的にそのような生活形態になるでしょう。もちろんそういうことも含みながらではありますが、むしろこの言葉は大人に向かって語られている言葉であろうと思います。他の戒めがすべて大人を念頭において語られている戒めであることも、そのことを示していると思います。大人になってしまうと、ついその重みを忘れがちですが、やはりそこが私たちの人生の原点なのです。

前回、「安息日を覚えなさい」という第四戒は、一枚目の板にあって、二枚目への橋渡しになっていると申し上げました。この第五戒は、逆に二枚目にあって、一枚目とのつながりを示している戒めであると言えるでしょう。

私たちは父と母を敬うことの向こうに神様を見るのです。父と母を重んじることを通して、神様を重んじることを学ぶのです。また父母との出会いは、神様が備えてくださったものです。ですからその父母との出会いを通して、神様に感謝をしていくのです。感謝をするということは、私たちの信仰の基本です。

「敬老の日」の由来

ちなみに日本にも「敬老の日」があります。「敬老の日」についてインターネットの百科事典「ウィキペディア」には、次のように記されていました。「多年にわたり社会につくしてきた老人を敬愛し、長寿を祝うことを趣旨としている。」由来については、このようなことが記されていました。「敬老の日は、兵庫県多可郡野間谷村（現在の多可町八千代区）の門脇政夫村長が提唱した『としよりの日』が始まりである。『老人を大切にし、年寄りの知恵を借りて村作りをしよう』と、一九四七年から、農閑期に当り、気候も良い九月中旬の一五日を『としよりの日』と定め、敬老会を開いた。これが一九五〇年からは兵庫県全体で行われるようになり、後に全国に広がった。一九六四年に『老

出エジプト記20:12

人の日』と改称され、一九六六年に国民の祝日、『敬老の日』になった。」さらに「元々は九月一五日だったのが、二〇〇一年の祝日法改正（ハッピーマンデー制度の適用）によって、二〇〇三年からは九月第三月曜日となった」とありました。（もともと月曜日が休みの牧師にとっては、固定で九月一五日のほうがありがたかったですが。）

これを読んで、日本の「敬老の日」は、国民の祝日に制定されてから五〇年あまり、というのは、案外、新しいのだなと思いました。もっとも、そんなことを一々、国が定めなくても、お年寄りを大事にする習慣は、日本には昔からあったのかもしれません。大家族で共に住み、おじいさん、おばあさんと生活を共にしていた。そこから若い人は自然にいろいろなことを学び、自然に尊敬、敬愛の念も育っていたのではないかと思います。

現在では日本人の多くが核家族のライフスタイルになり、普段はおじいさん、おばあさんとの交わりが少なくなってしまい、「敬老の日」のような機会に、意識的におじいさん、おばあさんを覚え、会いに行くということになっているかもしれません。

シラ書の教え

聖書の時代においても、お年寄りにどのように接するかというのは、大事な問題であったようです。十戒の中に、「あなたの父と母を敬いなさい」とあるのは、むしろそれが決して当たり前のことではなかったということを、逆に示しているように思えます。ここで「敬う」と訳された言葉は、「重んじる」という意味です。「相手にふさわしい重みをきちんと理解して、その重みにふさわしく接する」ということです。

旧約聖書続編（外典）に「シラ書」という書物がありますが、その中にこういう言葉があります。

「子どもたちよ、父の戒めに耳を傾け
　それを守れ。
そうすれば、お前たちは健やかに過ごせる。
　主は、子どもに対する威厳を父に与え
息子に対する母の判断を確かなものとされた。
父を敬う者は、罪を償い
母を尊ぶ者は、宝を蓄える者に等しい。」

（シラ書三・一〜四）

出エジプト記20:12

この言葉の先に、こう記されています。

「子よ、年老いた父親の世話をし
彼が生きている間、悲しませるな。
たとえ分別がなくなっても、寛容であれ。
自分が力に溢れているからといって
父を蔑んではならない。」

（シラ書三・一二〜一三）

この言葉は、「十戒」の「父と母を敬いなさい」という第五戒の具体的な展開であるように思いますが、その意味でも、これはやはり大人に対する教えであると言えるでしょう。

条件付きの最初の戒め

さて、この十戒の戒めには、後ろにこういう言葉が付け加えられています。

「そうすればあなたは、あなたの神、主が与えてくださった土地で長く生きることができる。」（二〇・一二）

これは十戒の中で、唯一、祝福の条件のようになっている戒めです。「そうすれば云々」というのです。エフェソの信徒への手紙にこういう言葉があります。

「子どもたち、主にあって両親に従いなさい。それは正しいことだからです。『父と母を敬いなさい』。これは第一の戒めで、次の約束を伴います。『そうすれば、あなたは幸せになり、地上で長く生きることができる。』」（エフェソ六・一～三）

これは興味深い言葉です。「父と母を敬うと、私たちはそこで長生きする」というのです。どういう意味でしょうか。

ひとつには、父と母を敬うことによって、父と母から大事な知恵（特に信仰）を学ぶと言えるでしょう。それは経験に裏打ちされた知恵であって、若者には気づかないことが多いものです。

また父母を敬うという良い心に神様が報いてくださって、長生きさせてくださるとい

出エジプト記20:12

うこともあるかもしれません。

さらに子どもは、自分の親が祖父母にどのように接しているかを見ていますので、やがて自分たちが年老いた時に、子どもたちはそれと同じようにするものです。そういうことも間接的に言っているのかもしれません。

共同体全体が優しくなる

同時に「父と母」というのを、もっと広く解釈して、ある共同体（イスラエルの共同体とか、教会とか）の中の「父と母」、年輩者と理解することもできるでしょう。そこでも先達に学ぶのです。先達の知恵は共同体全体を生かします。

また共同体の中で年輩の方々を敬うことで、その共同体全体が優しくなり、健全になることを示しているのではないでしょうか。先ほどお読みいただいたテモテへの手紙一に、「年長の男性を叱ってはなりません。むしろ、父親と思って諭しなさい」（テモテ一五・一）とありました。

この言葉に、思わずにやりとなさった方もあるのではないでしょうか。教会の中では、年長の男性は自分の実の父親と思って接しなさい、というのです。そして「年長の女性は自分の母親と思いなさい」とあり、その少し後で、身寄りのないやもめを大事にしてあげなさい、その重みをわきまえて接しなさい、ということが示されます。私たちも、お年寄り、年長者を重んじる共同体を形成していきたいと思います。

教会でもどこでも、お年寄りなど、弱さを覚えている人、弱さをもっている人に優しい共同体というのは、他の人にとっても優しいのではないでしょうか。旧約聖書の中で、社会のしわ寄せを一番受ける弱い人の代表として、「寄留者」「寡婦」「孤児」がよく挙げられます。そういう人たちが、一番社会の犠牲になりやすいものです。律法は「こういう弱さをもった人々を大事にしなさい」というのです（出エジプト二二・二〇～二一など参照）。これは示唆に富んでいます。そのような共同体の中でこそ、すべての人が長く生きることができるのではないかと思います。

村上伸牧師は、著書『十戒に学ぶ』の中で、イスラエルの最大の関心事は、共同体がさまざまな困難の中でいかに生き永らえていくかということであったと述べて、こう続けます。

「年老いて働けなくなった両親を軽んじたりしない社会こそ健全な社会であって、それは永続する。なぜなら、この人たちの愛・経験・知恵・人生への洞察が共同体を深く支えているからです」（六七頁）。

日本の社会は高齢化社会から高齢社会になり、そして超高齢社会に移行していると言われます。教会の中でもそういう面がないわけではありません。教会が一体どういう共同体であるべきか、聖書を通して学んでいきたいと思います。

主イエスが引き合わされる家族

イエス・キリストの幾つかの言葉を思い起こします。主イエスは、「私よりも父や母を愛する者は、私にふさわしくない。私よりも息子や娘を愛する者も、私にふさわしくない」（マタイ一〇・三七）と言って、イエス・キリストとの関係を基本にすえることを大事にされました。

また「私の母とは誰か。私のきょうだいとは誰か」と問いつつ、弟子たちのほうを指して、「見なさい。ここに私の母、私のきょうだいがいる。天におられる私の父の御心を行う人は誰でも、私の兄弟、姉妹、また母なのだ」と言って、肉親を超えて、信仰の兄弟姉妹や父母を尊重されました（マタイ一二・四八〜五〇）。

その一方で、十字架の上で息を引き取られる時に、自分の母マリアと愛する弟子（ヨハネだろうと言われますが）を引き合わせられました。母マリアに向かっては、「女よ、見なさい。あなたの子です」と言い、愛する弟子に向かっては、「見なさい。あなたの母です」と言って、母マリアを愛する弟子に託されました。その時から、この弟子はイエスの母を自分の家に引き取ったと記されています（ヨハネ一九・二六〜二七）。主イエスは、そのように最後まで母マリアのことを気づかわれ、決してないがしろにされたわけではありませんでした。

またここに記されているのは、教会という共同体の原型であると思います。イエス・キリストが、「これはあなたの父です。」「これはあなたの母です」「これはあなたの子です」と言われる。主イエスが引き合わされ、結び合わされる家族が、教会という「神の家族」ではないでしょうか。

皆さんの中には、自分のお父さん、お母さんをすでに天に送られた方もあると思いますが、ここに神様、主イエスが引き合わせてくださったお父さん、お母さんがあり、主イエスが引き合わせてくださった子どもたちがいる。そういう家族と共に、私たちが礼拝をし、共に時を過ごすことができるのは幸いなことであると思います。

（二〇二三年三月二六日）

8 生命（十戒 Ⅶ）

出エジプト記二〇章一三節
マタイによる福音書五章二一〜二六節

なぜ人を殺してはならないか

十年以上前になりますが、一七歳の少年による殺人事件が重なり、注目されたことがありました。子どもたちからは「なぜ人を殺してはならないのですか」という質問が出されましたが、それに対して明確な答えはあまりありませんでした。「こんな当たり前のことを聞かれるようになったのは嘆かわしいことだ」というのは何の答えにもなっていません。「誰でも愛される人を殺されると、悲しいだろう。」「人を殺すと、自分も壊れる。」「それが社会のルールだ。人を殺すことを容認すると、社会が成り立たない。」それぞれになるほどと思うこともありますが、何か説得力に欠けているように思いました。

私は、人間的地平で見ている限り、決定的な答えはないのではないかと思います。ですから一度その社会のルール、決め事となっている前提が壊れると、「人を殺してはならない」ということも途端にあやしくなってしまうのです。私は、だからこそ「殺してはならない」ということを、神の戒めとして聞くことが重要になってくるのではないかと思います。

「人の血を流す者は
人によって自分の血を流される。
神は人を神のかたちに造られたからである。」

（創世記九・六）

創世記一章二七節には「神は人を自分のかたちに創造された」とあります。これは言い換えれば、すべての人間は何らかの神のイメージを宿しているということです。誰かを殺すということは、その人に宿った神のイメージを汚すことであり、人間の手で、そのイメージを抹殺することだと思います。具体的な諸問題については、後で述べますが、根本はそうです。私たちは、誰かから「なぜ人を殺してはならないのですか」と問われたら、信仰者として「それが神様の命令だから」「その人を造った神の意志を否定することだから」「その人も神様に愛されている人だから」という答えができるのではないでしょうか。命は神の領域であり、私たち人間には、それを取り去るのは許されていないのだということ。これが、聖書が私たちに告げる根本的なことであり、私たちは、これを神の戒めとして聞かなければならないのです。

明快なようで、難しい戒め

さて「殺してはならない」という戒めは、短く、明快な言葉です。多くの人は、「自分がどんなに悪い人間であったとしても、人殺しをするほど悪い人間ではない。（だからこの戒めは大丈夫）」と思われるのではないでしょうか。しかしこの戒めは、実はそれほど簡単なものではありません。

「殺してはならない」と言いながら、旧約聖書には、実に多くの殺戮が記されています。まず、この矛盾をどう考えればよいのかということがあります。「殺してはならない」という戒めに使われている「殺す」という言葉（ラーツァハ）は、幾つかの「殺す」というヘブライ語の中で、あまり使われない言葉、ある特定の殺害行為に限って用いられた言葉であったそうです。それは「個人的な恨みによる恣意的な殺人、あるいは共同体が認めない殺人」、つまり共同体の生活を危険に陥れる「反共同体的な殺害」を禁止しているのだということです。だから「人を打って死なせた者は必ず死なければならない」（二一・一二）とあるように、共同体を守るための「死刑」や「戦争」は、この「殺してはならない」ということにあてはまらないと考えたわけです。私は、それは当時の事柄として受けとめながら、今も生きた神の言葉としてこの戒めを聞く時には、そう簡単に割り切ることはできませんし、割り切ってはいけないと思います。

隠れた殺人

イエス・キリストは、この戒めを根源にまでさかのぼって考えられました。

「あなたがたも聞いているとおり、昔の人は、『殺すな。人を殺した者は裁きを受ける』と命じられている。しかし、私は言っておく。きょうだいに腹を立てる者は誰でも裁きを受ける。きょうだいに『馬鹿』と言う者は、最高法院に引き渡され、『愚か者』と言う者は、ゲヘナ（地獄）の火に投げ込まれる。」（マタイ五・二一〜二二）

出エジプト記20:13

実際に殺さなくても、その根源に何があるか。根源にあるものを取り除かない限り、この戒めを守ったことにはならないということです。ヨハネの手紙一にも、「きょうだいを憎む者は皆、人殺しです」という言葉があります（ヨハネの手紙一三・一五）。『ハイデルベルク信仰問答』は問一〇五から一〇七のところで「殺してはならない」という第六戒について解説をしています。

「問一〇六　しかし、この戒めは、殺すことについてだけ、語っているのではありませんか。

答　神が、殺人の禁止を通して、わたしたちに教えようとしておられるのは、御自身が、ねたみ、憎しみ、怒り、復讐心のような殺人の根を憎んでおられること。またすべてそのようなことは、この方の前では一種の隠れた殺人である、ということです。」

ねたみ、憎しみ、怒り、復讐心。この一つ一つは私たちにも思い当たるものがあるのではないでしょうか。ふと、「あの人さえいなければ、こんなにしんどい思いをしなくて済むのに」と思うことはないでしょうか。それは「一種の隠れた殺人である」と言うのです。

豊かさの追求による「殺人」

私は、さらにもう一つの「隠れた殺人」というものを考えなければならない、と思います。それは、社会構造的殺人、そして無関心、利己心という殺人です。私たちは今日の世界が大きなネットワークによってつながっており、自分たちの生活が、遠い国の人々の生活と密接に関連しているということを知らなければなりません。私たちの豊かな生活は、往々にしてある人たちの犠牲の上に成り立っています。そこで貧しさのゆえに死ぬ人があれば、豊かな世界の人たちは「隠れた殺人」を犯していると言えるのではないでしょうか。

例えばアメリカや日本が豊かな生活を享受するために石油を確保することと中東の戦争は無関係ではありません。利権争いに巻き込まれ、そのような戦争の犠牲になっている多くの人は、現地に住む、貧しい人や弱い立場の人なのです。

出エジプト記20:13

具体的な諸問題

さてこの「殺してはならない」という戒めを考えるにあたって、五つほどの具体的な問題に直面させられます。

第一は自死（自殺）の問題です。他人の命だけではなく、自分の命を絶つことも、神様の前では罪です。私たちは、自分の命の主人ではありません。命の主人は神です。ただそこに追い詰められたどうしようもない状況というものがあるでしょうし、また病気のために自死するということもあるでしょう。罪は罪ですが、それが罪である限り、イエス・キリストによって担われないような罪もないと、私は思います。ですから生きている人に向かっては、「私たちはどんなことがあっても死んではならない」ということを告げると同時に、もしも誰かが自分の死を選んでしまったような場合には、その人を裁くようなことはせずに、恵みの神様の御手に委ねていくような態度が求められるのでしょう。

第二は安楽死の問題です。誰かがとても苦しんでいて、しかも回復の望みがない場合に、その人の死を早めてあげることが許されるかということです。基本的には、命を故意に縮めることは人間には許されていないと思いますが、私が何か結論めいたことを述べることはできませんし、控えるべきでしょう。また自力で生きられないような状態で生命維持装置をはずすこと、いわゆる尊厳死は、安楽死とは区別しなければならないでしょう。

第三は妊娠中絶の問題。子どもが母親の胎内に宿ったら、それはすでに一つの命でしょう。それを自由に殺してもよいというのは、人間の傲慢であると思います。しかしこのことも同時に、ただ律法的に母親に「中絶してはいけない」と言うのではなく、妊娠中絶を考えざるをえないような状況、母親を追い込んでいく社会構造の問題を、より深く自分たちの社会の責任として考えていかなければならないでしょう。

第四は死刑の問題。旧約聖書にも死刑は出てきますが、私たちは慎重に考えなければなりません。私は、それは人間の越権行為だと思います。冤罪で死刑判決を受けることもあります。イエス・キリストの場合もそうであったと言えるかもしれません。死刑が犯罪の抑止になっていないということからしても、死刑は廃止されなければならないと思います。

戦争の問題

第五は戦争の問題です。昨年（二〇二二年）二月にロシアのウクライナ侵攻が始まって以降、一年余りになります。事態は好転する糸口は見い出せず、いよいよ深刻になり、かえって第三次世界大戦の危機すら感じるようになってきています。私たちも、今年度は「平和を祈る」という年間主題を掲げました。

私の親しい友人の木村公一牧師は、二〇〇四年九月に、「パクス・アメリカーナとキリストの平和」という講演をし（日本基督教団東京教区西南支区社会担当主催）、マクソーリーという人（米国のカトリックの倫理学者で平和活動家）の「アウグスティヌスとトマス・アキナスの戦争と平和に関する学説」をご紹介くださいました。

そこでは、「いかなる条件のもとで行われるとすれば、その戦争は正しいのか」という議論がなされているとのことです。誤解のないように言えば、「聖戦」（Holy War）ではなく、「正戦」（Just War）です。マクソーリーによれば、アウグスティヌスは「正戦」に五つの条件をあげているそうです。

第一番目は、宣戦布告という原則です。宣戦布告をしないで開始した戦争、たとえば遊撃戦とか、奇襲とかはよくない。公権による宣戦布告が必要だということです。

第二番目は、戦争は最後の手段であるという原則です。まださまざまな平和的手段が取れるならば、その努力を先にすべきであって戦争に訴えるべきではない。

第三番目には、宣戦布告する側に求められる正しい意図の原則です。戦争突入は正義の回復のためであって、領土の拡張や経済権益の拡大のためであってはならない。

第四番目は、無辜の民衆の殺傷禁止の原則です。民間人を巻き込んではならないし、攻撃してもいけない。つまり、軍と民を明確に区別して、軍だけを戦闘の対象とする、ということです。

第五番目は、釣り合いの原則です。これは、戦争によって発生する被害と、戦争によって回復される善とを天秤にかけて、後者のほうが大きければ、その戦争は「正戦」と言えるということです。

いかがしょうか。昔は、その条件を満たす戦争があり得たかもしれませんが、現代の戦争は、そのどの条件も満たし得ないと、木村牧師は語られました。

第一の宣戦布告に関して言えば、「真珠湾攻撃は宣戦布告のない戦争だ」と、しばしば引用されます。アメリカのベトナム戦争も宣戦布告はありませんでした。今日では、「ボタンを押したら二四分間で大陸間弾道弾が届いてしまう」というのですから、国会を召集して「宣戦布告を承認してください」と決議をとる暇はありません。核大陸間弾道弾や巡航ミサイルは、この宣戦布告の原則を無効にしてしまったのです。

第二の「最後の手段の原則」と第三の「正しい意図の原則」は、非常に主観的です。戦争を仕掛ける側にとっては、それはいつも最後の手段であると思っているわけですし、そこにはいつも正しい意図があると思っているわけですから、もともと非常にあやしいものです。

第四番目の非戦闘員への攻撃禁止については、今日、民間人を巻き込まないということは、もはやあり得ません。戦争はいつも弱い側の国土が戦場になりますが、その国の民間人を必然的に巻き込んでしまいます。広島と長崎へ投下された原子爆弾も、国際法を無視した一般市民に対する大量殺戮でした。

第五番目の「釣り合いの原則」はどうでしょうか。もともと被害を数値化するなどというのはできないことですが、今日の戦争では、起きた後のことを考えると、どんなに回復されるものがよかったとしても、もたらされる被害は計り知れないほど大きいものです。

私たちには、もはやどのような戦争ならあり得るか、と言っている余裕はありません。もはやいかなる戦争もできない時代に突入しているのだ、という現実を認識しなければならないと思います。

地球に宿るすべての命

「殺してはならない」という戒めは、そのようなさまざまな問題に関係しています。それらに対して、単純な結論を出すのは非常に難しいものです。しかしそうした中にあっても、私たちは一つ一つ具体的に対処していかなければなりませんし、あれかこれかの判断が問われることもしばしばあります。そこでいつも根源的に立ち返らなければならないのは、「命は神の領域だ」ということであると思います。そこからすれば、さらに動物たちの命、この地球に宿るすべての命についても、神への畏れをもって向き合わなければならないことになるでしょう。

（二〇二三年四月一六日）

9 誠　実（十戒 Ⅷ）

出エジプト記二〇章一四節
ローマの信徒への手紙一三章八〜一〇節

性にかかわるさまざまな問題

出エジプト記の十戒を続けて読んでいます。今回は第七の言葉、「姦淫してはならない」という言葉を心に留めましょう。まずこの言葉が語られた時代状況と今日の私たちの状況はかなり違うものであることを心に留めておきたいと思います。

岩波書店版の「出エジプト記」を訳された木幡藤子さんは、その聖書の注の部分でこう述べています。「『姦淫する』と訳した原語は、男性が、既婚女性や、嫁ぐ相手の決まっている女性と性的関係をもち、他の男性の結婚を破壊することを意味する。」

当時は、女性は一人の人格的存在としては認められず、男性の所有物、財産のように考えられていました。そうした社会において、この戒めは、男性が別の男性によってその権利が侵害されることを禁じる戒めであったと言えるでしょう。つまり男性同士の社会倫理的な戒めであったのです。

笹森田鶴さんは、そういう状況を踏まえつつ、こう述べています。

「男性から見れば、『財産』としての存在であって、不平等な扱いを受けていた女性たちには、自分の体や心についての主体性はありませんでした。それでも婚姻関係の中にある女性は、弱い立場であってもこの掟によって守られていたと考えられます。けれども、さらにここで目を留めたいのはその外にいる人たちのことです。婚姻という制度から抜け落ちた人、あるいは『罪人』とレッテルを貼られた人は共同体から追いやられ、そもそも『交わり』から疎外されてしまっているのです」（『信仰生活ガイド　十戒』九三頁）。

私は、今日の問題としてこの戒めについて考える時に、結婚という規範に留まらない性のさまざまな問題、そこで差別を受け、苦しんでいる人たちのことも視野に入れていかなければならないと思います。

私もあなたを罪に定めない

ヨハネ福音書八章の冒頭に、「姦淫の女」の話が出てきます。姦淫をしたとされる女性が広場に連れ出されて、律法に従ってみんなでその人を石で打ち殺そうというのです。みんなが石をもってかまえながら、イエス・キリストに向かって、「さあ、この女をどうしましょうか」と尋ねます。ただ、それもイエス・キリストを陥れようとする罠だったようです。

その時イエス・キリストは、「あなたがたの中で罪を犯したことのない者が、まず、この女に石を投げなさい」（ヨハネ八・七）と言われました。そうすると、誰も石を投げることができなかったというのです。「罪を犯したことのない者」の「罪」には、もちろんすべての罪が当てはまるのでしょうが、特に姦淫の問題について、みんな心の中では自分も紙一重だということを感じたのではないでしょうか。しかしこの時、イエス・キリストが最後に語られた言葉も忘れてはならないでしょう。

「女よ、あの人たちはどこにいるのか。誰もあなたを罪に定めなかったのか。」

（ヨハネ八・一〇）

彼女が「主よ、誰も」と言うと、最後にこう言われました。

「私もあなたを罪に定めない。行きなさい。これからは、もう罪を犯してはいけない。」（ヨハネ八・一一）

この主イエスの赦しの言葉のもとでこそ、この戒めも正面から見据えることができるのではないでしょうか。

問題の根源

イエス・キリストは山上の説教で、十戒の中の幾つかの戒めを一つ一つ取り上げながら、その根源にまでさかのぼって解釈されました。前回の「殺してはならない」という戒めについてもそうでしたが（マタイ五・二一～二二）、続けて同じ形式でこう語られました。

出エジプト記20:14

「あなたがたも聞いているとおり、『姦淫するな』と命じられている。しかし、私は言っておく。情欲を抱いて女を見る者は誰でも、すでに心の中で姦淫を犯したのである。」

（マタイ五・二七〜二八）

実際の行為にいたる前に、それを生み出す心まで問題にされたのです。ただこう言われると、誰もこの戒めから逃れることはできないように思ってしまうかもしれません。しかしイエス・キリストは、自然な性欲を否定されたのではないでしょう。この言葉だけを聞くと、あまりにも現実離れしているように思えて、理想と現実の矛盾に苦しんでしまう人もあるかもしれません。

しかし私たち人間が性的な関心をもったり、衝動をもったりするというのは、ごく自然な当たり前のことであると思います。むしろ神様が創られた創造の神秘、美しさに属することです。旧約聖書は、これを大らかに肯定しています。旧約聖書の雅歌を読みますと、恋愛小説か何かを読んでいるようです。イエス・キリストも、基本的に旧約聖書の教えを受け継ぎながら、その伝統の中におられると思います。

人の幸せを奪う

それでは、主イエスのこの厳しい言葉を、どういうふうに理解すればよいのでしょうか。一体、何が問題なのでしょうか。私は、自分の性欲を満たすために、人の幸せを奪うこと、これこそが罪ではないかと思います。姦淫とは、侵入を意味します。一組のカップルが幸せな結婚生活を送っているところに、他人が踏み込んでいって壊そうとする。愛の絆に生きようとしている人々のところに、土足で踏み込んでいく。それは押し込み泥棒に似ていますが、そういうことが一番の罪なのではないでしょうか。

実際の行為にまで至らなくても、目や心において、すでにそういう「侵入」が始まっているのだと、イエス・キリストは告げられたのだと思います。

そうした愛と性の問題を広く考えてみると、責任を伴わない性行為であるとか、お金でもって性を買う「買春（かいしゅん）」（売春と区別）とかいうことも、すべてこれに関係してくるのではないでしょうか。なぜそれが問題なのか。自分の欲望のために、他人の人権、他人の幸福を犠牲にするからです。特に、性のことに関して、そういうことははっきりと現れてきます。昔からそうした身勝手な性の欲望の犠牲になって泣いて来た人が、数限りなくありました。

出エジプト記20:14

ダビデの罪

すぐに思い浮かぶのは、ダビデの罪です。ダビデは、ある日の午後、宮殿の屋上から、一人の美しい女性が水浴びしているのを見て、一目ぼれします。そしてそれが誰かを部下に調べさせました。その女性は、バト・シェバという名前で、自分の指揮下にあるへト人ウリヤの妻でした。ダビデは、バト・シェバの妊娠をウリヤによるものと見せかけるために、ウリヤを前線から送り帰させ、「家に帰って足を洗うがよい」と言って休ませようとします。しかし彼は「仲間が戦っているのに、そんなことはできません」と断ります。自分の思惑通りに行かないダビデは、逆にウリヤを最も戦闘の激しい最前線に送り込み、敵の手でウリヤを殺させてしまいました。そしてダビデは、バト・シェバを自分のものにするのです（サムエル記下一一章参照）。

神様は、このダビデの罪を見逃さず、預言者ナタンを送ってその罪を告発しました。ダビデに対する神の裁きは、バト・シェバとの間に生まれた子が死ぬという出来事に現れています。（同一二章参照）。ちなみに、このナタンの告発を聞き、ダビデが悔い改めて歌ったとされるのが詩編五一編です。やがてこのダビデとバト・シェバから次の王、ソロモンが生まれてくることになります。

軍隊慰安婦、セックス産業

第二次世界大戦中、日本軍は占領地の女性たちを狩り出して、強制的に兵士たちのセックスの相手をさせました。従軍慰安婦と言われますが、そうした事実がいろいろなところから明らかにされてきました。「従軍慰安婦」という言い方は、自ら従ったような印象を与えかねないので、「軍隊慰安婦」という言い換えもなされます。

今日でも日本人の男性と他のアジアの女性の歪んだ性関係は、セックス産業の中で続いており、さまざまな社会問題を生み出しています。日本国内には、セックス産業に従事させるために、他のアジア諸国から大勢の女性が送り込まれてきます。その多くは正式な入国ではありません。夢のような話を聞かされ、だまされて日本にやってきた女性もたくさんいます。入国するや否や、ボスや仲介人に、パスポートを取り上げられて、監禁状態にされるということも、しばしば聞きます。

キリスト教関係では、日本キリスト教婦人矯風会が母体となって、ＨＥＬＰ（House in Emergency of Love and Peace）という組織が、そういう女性たちを助ける「駆け込み寺」のような働きをしています。

また反対に、日本人が男性だけのツアーを組んで、アジア諸国へ出かけて行き、現地の女性と「遊ぶ」、いわゆる「買春観光(かいしゅん)」があります。そこでは、その国で、貧しい田舎から少女が売られてきて、セックスの相手をさせられます。多くは一〇代の少女だそうです。

私は、こうしたことはそれに参加する人のモラルの問題であると同時に、そうしたところに夫を送り出してしまう家庭の問題、それを許している社会全体の問題でもあると思います。それを突き詰めていけば、お金持ちと貧しい人の差がどんどん広がっている現代の社会構造の問題にまで行き着くのではないでしょうか。

主イエスの言葉は、「姦淫してはならない」ということを突き詰めて、そこに潜んでいる心の奥底の問題、そして許している社会構造や精神の問題まで、告発しているのではないかと思います。

そういうふうに考えていくならば、姦淫の罪とは、最初の旧約聖書の文脈を超えて、「性の問題において人の幸せを奪うもの」と、とらえ直すことができるのではないでしょうか。

それは結婚という枠組のなかでも起こるものです。ドメスティック・ヴァイオレンス

（家庭内暴力）と呼ばれる夫による妻への暴力が、大きな社会問題として取り上げられるようになってきました。以前は、女性の泣き寝入りが多くあったことでしょう。いや今でも社会問題にはいたらない、隠れたドメスティック・ヴァイオレンスはあちこちで日常的に起こっていると察します。それも姦淫といえるのではないでしょうか。そのようなことが起きた時には、離婚が最善の道である場合もあるでしょう。

ＬＧＢＴＱの人たち

性の問題は男女のカップルにとどまらないものでもあるでしょう。同性のカップルもあります。二人で誠実に生きようとするカップルを、社会や制度が妨げることもあります。日本の現行法では、同性婚はまだ認められてはいません。そのことは、二人で誠実に生きようとしているものを、社会が認めず、幸せに生きる権利を阻害しているものと言えるのではないでしょうか。（地裁レベルでは、同性婚が認められないのは「違憲」「違憲状態」だという判決が増えてきています）

米国のエマニュエル駐日大使は、四月一〇日、東京都内で開かれた内外情勢調査会で講演をし、出席者から性的少数者に対する政府や自民党の取り組みについて問われた時、こう答えました。「同性婚か異性婚かではなく、『結婚』しかないと思う。日本のためにもそれを受け入れるべきだ。」「LGBTQのために発言、行動するというのは、バイデン大統領の政策で明確なことだ。それを擁護するということは、私が大使として進むべき道の中に入っている」（「朝日新聞」二〇二三年四月一一日）。

事実エマニュエル大使は、四月二五日、何千人もの日本人と共に「東京レインボープライド二〇二三」に参加し、婚姻の平等、普遍的人権、そして日本や世界中のLGBTQの人々に対する国際的な支持を表明しました。

離婚が最善の道である場合もある

さてドメスティック・ヴァイオレンスのようなことでなくても、私たちの結婚生活には破綻が起きることもあります。離婚は決して好ましいことではありませんが、二人がそれぞれ新しい出発をするために、離婚が最善の道であるということ、それしか道がないということが確かにあります。そうした時私たちは、それを決して裁くようなことをしてはなりません。本人たちが一番傷ついているのです。考えに考えて出した重い決断を応援し、愛をもって祝福して新しく送り出すような姿勢が求められるでしょう。

パウロは、こう言いました。

「互いに愛し合うことのほかは、誰に対しても借りがあってはなりません。人を愛する者は、律法を全うしているのです。『姦淫するな、殺すな、盗むな、貪るな』、そのほかどんな戒めがあっても、『隣人を自分のように愛しなさい』という言葉に要約されます。愛は隣人に悪を行いません。だから、愛は律法を全うするものです。」

（ローマ一三・八～一〇）

この要約の仕方は、ご承知のように、イエス・キリストもなさったものでもあります（マタイ二二・三六～四〇等参照）。これは十戒の後半を要約したものと言ってよいでしょう。それは、人と人の関係についての戒めです。その要約が「隣人を自分のように愛しなさい」であるならば、それは、この「姦淫してはならない」という戒めにおいてこそ、その精神が最もよく表れてくるのだと思います。

私たちも隣人を自分のように愛する共同体、隣人を自分のように愛する社会を築いていきたいと思います。

（二〇二三年五月二一日）

10 所 有（十戒 IX）

出エジプト記二〇章一五節
エフェソの信徒への手紙四章二五～三二節

さまざまな種類の「盗み」

今回は、十戒の第八戒である「盗んではならない」という戒めを心に留めましょう。「盗んではならない」というのは、誰にでもよくわかる戒めであるように見えます。家庭でも、学校でも、人のものを盗むことは悪いこと、罪だというふうに教えられますし、法律でもそう定められている。しかし、一体何が盗みであるかを規定するのは、なかなか難しいことです。

泥棒とか、万引きとかはわかりやすいし、批判もしやすいものです。しかしそのような盗みは、小さなものでしょう。そういう小さな盗みは裁かれるのに、もっと大きな盗みは裁かれないでいるというのが、私たちの実感ではないでしょうか。

多くの組織的な盗みが横行しています。たとえば国家レベルの大工事の談合やオリンピックなどの大事業の収賄・贈賄も、それらの結果、国民の税金を盗んでいるということになるでしょう。またどんなに合法的であっても、その隙間をぬって搾取するということが、多くあるのではないでしょうか。

また私たち自身が自覚しないまま、その大きな構造的盗みに加担してしまっている。いや不本意ながら、そうしたシステムの中に巻き込まれていることもあるでしょう。ですから、たとえ実際に万引きや泥棒をしたことがなかったとしても、この戒めを犯していないとは、誰も言えないと思います。

今日のような社会においては、盗んではならないという戒めは、個人情報の問題、知的財産権の問題、肖像権の問題、特許の問題など多岐にわたり、しかも取り扱いはなかなか難しいと思います。簡単に人のものを自分のものにすることができる。インターネットでも拾えてしまう。論文でも何でも、インターネットで拾ったものを継ぎ合わせれば、それなりのものができあがってしまう。ここ数カ月で、急速に広がってきたＣｈａｔＧＰＴ、人工知能による文章や絵画制作などの取り扱いは、今後ますます大きな問題になってくるでしょう。人の情報を盗んだかどうかさえ判断が難しい。さまざまな情報を入力すれば、簡単に芸術的な絵も、芸術的な音楽もできてしまう。その「芸術もどき」の

「作品」に、知らずして情報を提供することになってしまった、元の画家、元の音楽家の権利はどのようにして守られるのか。「盗んではならない」という戒めは、今、まさに新たな地平に差し掛かろうとしていると言っても過言ではないでしょう。どこまでが個人の財産で、どこからが共有財産であるか、線が引きにくいものです。

私にとって身近なところでは、説教の作成時、いろいろな人の本から学んだことで準備をしていきます。どこまでが人の本から学んだもので、どこからが自分のオリジナルであるか、線は引けません。もともと同じ聖書から説教するのですから、先達の説教や注解書を参考にするのは当たり前ですし、それを一々出典について述べていれば、皆さんは煩わしくて仕方がないでしょう。ただしそれをホームページにアップしたり、本にしたりするような時には、それなりに気を付けるようにしています。

本来は「誘拐の禁止」

アルブレヒト・アルトという学者によれば、第八戒の本来の意味は、盗み一般にではなく、人を盗んではならない、という意味であった。つまり誘拐の禁止を指していた。さらに突き詰めれば、人一般ではなく、イスラエルの自由人男子の誘拐の禁止であったそうです。

古代世界では、人を誘拐し奴隷として売り渡すことが頻繁になされていたようです。エジプトに売られたヨセフの話を思い起こしますが（創世記三七章参照）、もともとはそういうことを禁止する戒めでありました（出エジプト記二一・一六参照）。

「その対象が自由人男子に限られていた」というのはいかがなものかと思いますが、この戒めが「誘拐の禁止」であったとすれば、その後の歴史にも大きく関係してくるでしょう。すぐに思い浮かぶのは、南北大陸に奴隷として連れてこられたアフリカの人々のことです。それは北米だけではなく、ラテンアメリカにおいても組織的に行われてきた大きな誘拐でありました。

また恐ろしい組織的誘拐は過去の話だけではありません。今日でも世界各地の過激派組織が、ある村に押し入り、少年を誘拐し有無を言わせず少年兵にするということが起きています。

また八年程前に大きなニュースになったＩＳ（イスラミック・ステイト）によるヤジディ教徒に対する暴虐のことも忘れることはできません。ヤジディ教徒の人たちは、イラク北部に住む少数派ですが、わずか数日で一千人以上が虐殺され、女性や少女は誘拐されて「性奴隷」にされました。二〇一八年の「バハールの涙」という映画にも、その状

出エジプト記20:15

況が詳しく描かれていますので、ぜひご覧ください。

次第に広い意味の解釈に

十戒の理解・受容の歴史に戻りますと、次第にこの第八戒は、(人の誘拐も含む)「盗み」全般を禁ずるものと理解されるようになっていきました。ちなみに「ハイデルベルク信仰問答」は、この戒めについてこう語っています。

「問一一〇　第八戒で、神は何を禁じておられますか。
答　神は権威者が罰するような盗みや略奪を禁じておられるのみならず、
暴力によって、
または不正な重り、物差し、升、商品、貨幣、
利息のような合法的な見せかけによって、
あるいは神に禁じられている何らかの手段によって、
わたしたちが自分の隣人の財産を
自らのものにしようとする

あらゆる邪悪な行為また企てをも、
盗みと呼ばれるのです。
さらに、あらゆる貪欲や
神の賜物の不必要な浪費も禁じておられます。」

とても広い理解、そして深い解釈だと思います。神様から賜ったものを不必要に浪費することも「盗んではならない」という戒めに反することだというのです。たとえそれが合法的に見えても、「盗んではならない」という戒めに反する行為がある、むしろそちらのほうが大きな問題だと言おうとしているのではないでしょうか。

ナチス・ドイツ時代の「盗み」

ディートリッヒ・ボンヘッファーが、ナチスの時代に、十戒に即して「教会の罪責告白」という文章を書き残していることはすでに述べましたが、彼は第八戒のところではこう告白しています。

出エジプト記20:15

「教会は、貧しい者たちが収奪され搾取され、強い者たちが富みかつ腐敗して行くことに対して、沈黙し、傍観していた」(『現代キリスト教倫理』七二頁)。

この言葉の背景には、ナチス支配下のドイツで行われていた不正があります。ヒトラーが、次第に絶対的な権力を掌握していきますと、批判勢力をことごとくつぶし、財産も取り上げていきました。さらにユダヤ人を絶滅・強制収容所送り込んで、その巨大な財産を全部ナチスが没収していきました。ボンヘッファーは、それは紛れもない、第八戒違反だと告発します。そして同時に、自分たちの教会はそれを見て見ぬ振りをしていると、罪責告白したのです。

ナボトのぶどう畑

権力をもっている者が、その権力によって弱い者のものを搾取していくというのは、聖書の時代からありました。有名なものとしては、列王記上二一章に「ナボトのぶどう畑」の話が記されています。

イズレエルの人ナボトは、ぶどう畑を持っていましたが、サマリアの王アハブは「お前のぶどう畑を譲ってほしい。私の王宮のすぐそばにあるので、菜園にしたいのだ。その代わり、お前にはもっと良いぶどう畑をやろう。もしよければ、それ相当の代価を銀で支払ってもよい」（列王記上二一・二）ともちかけました。その申し出は、それなりに紳士的であったと思います。しかしナボトは、「先祖から受け継いだ地をあなたに譲ることなど、主は決してお許しになりません」（列王記上二一・三）とその申し出を断るのです。

王の妻イゼベルは、その話を聞いて、「イズレエル人ナボトのぶどう畑は、この私が手に入れてさしあげましょう」（列王記上二一・七）と言いました。彼女は策略を講じ、アハブの名前でこのように言いました。「断食を布告し、ナボトを民のいちばん前に座らせなさい。そして二人のならず者を彼に向き合って座らせ、『お前は神と王を呪った』と証言させなさい。それからナボトを連れ出し、石で打ち殺しなさい」（列王記上二一・九〜一〇）。そしてその言葉の通りに、ナボトは殺され、彼のぶどう畑は王に没収されました。

しかしそれを神様は見過ごしにされませんでした。預言者エリヤを遣わして、「あなたは人殺しをしたうえに、その人の物を自分のものにしようというのか」（列王記上二一・一九）と告げさせるのです。

土地は誰のものか

私たちが自分のものと考えているものも、本来、一体誰のものであるかということを、謙虚に考えてみなければならないでしょう。聖書的に言うならば、すべては神様から受けたものです。それを自分のものとして主張する時に、すでにある種の傲慢、倒錯があると思います。

特に土地についてては、デリケートです。私はいっときブラジルに住んでいましたが、ある統計では、ブラジルでは一％以下の人が五〇％以上の土地を所有し、五〇％以上の人々が一％以下の土地しか所有していないと聞いたことがあります。数字にはある程度の誤差があるかもしれませんが、決して誇張ではないと思います。そうした状況では、それがどんなに合法的であったとしても、本来、それを持つべき人の土地を奪っていると言えないでしょうか。

ブラジルをはじめ、ラテンアメリカのそのような圧倒的な貧富の差の中から、「神は貧しい人を優先される」ということを主張する解放の神学が生まれてきました。

また先住民の人々は、もともと人が土地を所有することはできないという理解の中で生きていました。土地は私たちの母であり、神様のものと考えています。そこへある日、白人が入り込んできて、それを奪ったり、極端に安い値段で「合法的に」買い取ったりした後、切り売りし始めた。先住民は、もともと自分たちのものだと主張しませんでしたから、それが全部白人のものになってしまったのです。今日になってそれが一体誰のものであるかという裁判が起きたりしています。

ブラジル政府は、一九八九年頃に、「そこにもともと住んでいる先住民は、土地の所有者ではないが、その用益権がある」と初めて認めたのですが、そのことによって、また登記上の所有者と、用益権のある先住民の間の争いが起きたりしています。

それとは別に、「何年間か所有者が放置していた土地に作物を植えて、育てると、その土地はその人のものになる」というような法律もあるのですが、それを組織的に実行する「土地なし農民運動」（ＭＳＴ）という運動も展開されています。

グローバル時代の「盗み」

強い者が弱い者の持っているものまで奪っていくということは、今日においてさまざまな形で起こっています。いや今日ほど深刻な時代はかつてなかったでしょう。今日は、

出エジプト記20:15

地球全体が一つのシステムに組み込まれた「グローバリゼーション」の時代です。そこでは、地球規模において巨大な金額の「盗み」が起こっています。ほんの一握りの人間が大きな権利をもち、その人たちに都合のよいような世界ができていく。あとの人は持てるものまで奪われ、その人たちに仕える従属的な地位を強いられる構造です。極端な言い方をすれば、人間が二種類に分けられる。そういうことは確かに昔からありましたが、せいぜい小規模な地域単位、国単位のことでした。しかし今やその構造が地球全体に広がっているのです。

今、地球上に八〇億の人間がいますが、いろいろなことに積極的にかかわれる立場にあるのはせいぜい一〇億人くらいだろうと言われます。あとの七〇億の人はその一〇億の人に従っていくしかない。数字はあくまでイメージでしかありませんが、そういう世界というのは、「盗んではならない」という戒めと無関係ではないだろうと思うのです。

私たちは、そうしたところでこそこの第八戒を、心を無にして聞かなければならないでしょう。「私たちが行っていることは、神様の前で正しいことであろうか」と、尋ねていかなければならないと思います。

新しい生き方

新約聖書エフェソの信徒への手紙の著者は、こう勧めています。

「盗みを働く者は、もう盗んではいけません。むしろ、労苦して自らの手で真面目に働き、必要としている人に分け与えることができるようになりなさい。」

（エフェソ四・二八）

ここで著者が想定していた「盗み」とは、小さなレベルの盗みであるかもしれませんが、今日私たちは、この言葉を大きな文脈で聞かなければならないでしょう。そこには誰かを陥れていくような「合法的な」盗みもないだろうかと考えてみなければならないでしょう。

お互いに所有物をたいせつにし合い、そして神様の所有物はみんなで共有し、その賜物を享受しながら、共に生きていくものとなりたいと思います。

（二〇二三年六月二五日）

11 真実（十戒Ⅹ）

出エジプト記二〇章一六節
マタイによる福音書五章三三〜三七節

裁判における偽証

今日は十戒の第九戒である「隣人について偽りの証言をしてはならない」という戒めから、御言葉を聞いてまいりましょう。この戒めは「嘘をついてはいけないということだな」と思われるかもしれませんが、事柄はそう単純ではありません。

元来、この戒めが意味していたものは、単なる「嘘や中傷を意味するのではなく、裁判における偽証を禁止する戒め」（大野恵正、『新共同訳　旧約聖書注解』）であったようです。大野恵正さんは、「偽証は正しい人の名誉を傷つけ、裁判を誤らせて、社会的公正を崩壊に至らせる。人間の人格的尊厳と社会的公正の確立こそは、人間が真に人間として生きるに不可欠な社会の基盤である」（同上）と述べています。

刑事裁判は、今日では科学技術が発達したせいもあり、誰かの証言よりも、指紋であるとか髪の毛などのＤＮＡであるとか、物的証拠のほうが大きな意味をもっているようです。しかし昔の裁判では、そうした物的証拠よりも証言が重んじられました。二人以上の証言によって、有罪か無罪かが決定しました。ですから、そこで偽証がなされたら、とんでもない冤罪になり得たわけです。人の将来がかかっているのですから、偽証の罪は非常に重いものとされました。

この戒めが十戒に入れられているのは、それが単に人と人との関係のことではなく、神の前での誠実さが問われているということです。ですから、偽証が裁判などで通ってしまった場合、神の前での罪はより重くなるでしょう。

当時は、今日よりも裁判が日常的に行われていたようです。今では警察があり、警察の捜査や逮捕に対して納得がいかない時に初めて、裁判が大きな意味をもってきますが、当時は何かいざこざがあると、すぐに「裁判だ」ということになりました。もっともこの当時の裁判というのは、立派な裁判所ではなく、神殿の境内や町の広場でなされたようです。あの姦淫の罪を犯した女の裁判もそうでした（ヨハネ八章）。

出エジプト記20:16

再び、ナボトのぶどう畑の話

こうした裁判においては、やはりお金持ち、権力者に有利な証言（偽証）がしばしば行われたようですし、そこで裏金も動いたようです。

前回、「盗んではならない」という戒めを破った聖書の中の実例として、「ナボトのぶどう畑」（列王記上二一章）の話を引用しました（本書一二四頁参照）。あの話は、この第九戒とも深い関係があります。

サマリアの王アハブは、宮殿のすぐそばにあるナボト所有のぶどう畑を欲しくなり、そのように申し出るのですが、見事にナボトに断られました。そこで今度は王妃イゼベルが策を講じます。それは、二人のならず者を彼に向かって座らせ、彼らに「ナボトが王を呪った」と証言させるというものでした。二人のならず者は言われた通りに偽証し、ナボトは石で打ち殺されました。ですから、この時アハブとイゼベルは、「偽証してはならない」という戒めをも合わせて犯したと言えるでしょう。

『ハイデルベルク信仰問答』

今回も、『ハイデルベルク信仰問答』が、このところで何と語っているかを聞きたいと思います。『ハイデルベルク信仰問答』は、三つの事柄をあげています。

「問一一二　第九戒では、何が求められていますか。
答　わたしが誰に対しても偽りの証言をせず、誰の言葉をも曲げず、陰口や中傷をする者にならず、誰かを調べもせずに軽率に断罪するようなことに手を貸さないこと。」

これが一つ目です。裁判で偽証してはならないということを含め、とにかく公正であれ、と告げます。そしてさらに「陰口や中傷をする者にならず」と言います。広い解釈です。そして二つ目、

「かえって、あらゆる嘘やごまかしを、悪魔の業そのものとして

神の激しい御怒りのゆえに遠ざけ、
裁判やその他のあらゆる取引においては真理を愛し、
正直に語りまた告白すること。」

出エジプト記20:16

そして、三つ目、

「さらにまた、わたしの隣人の栄誉と威信とを
わたしの力の限り守り促進する、ということです。」

こうしたことすべてが、第九戒で私たちに求められているというのです。二つ目の「真理を愛する」ということ、また三つ目の「隣人の栄誉と威信を促進する」ということ（言い換えれば、「隣人の弁護者となる」ということ）は、とても意義深く、そして美しい解釈であると思います。

誓ってはならない

イエス・キリストは、マタイ福音書五章において、「殺してはならない」「姦淫してはならない」という戒めについて、独自の深い解釈をされましたが、「偽証してはならない」に関しては直接語ってはおられません。その代わりとして「偽りの誓いをしてはならない」（レビ記一九・一二等）という戒めについて語られています。

「また、あなたがたも聞いているとおり、昔の人は『偽りの誓いを立てるな。誓ったことは主に果たせ』と言われている。しかし、私は言っておく。一切誓ってはならない。天にかけて誓ってはならない。そこは神の玉座である。地にかけて誓ってはならない。そこは神の足台である。」

（マタイ五・三三～三五）

主イエスは「一切、誓うな」と言われました。これは、第九戒の「偽証してはならない」と同時に、第三戒の「みだりに主の名を唱えてはならない」とも関係があります。主イエスはどうしてこのように言われたのでしょうか。「うかつに誓うと、後がこわいぞ。後で偽証罪に問われるぞ。後で責任を問われるようなことは、なるべく口にしないほうが身のためだ」という保身術、処世術を語られたのでしょうか。私はそうではないと思います。

出エジプト記20:16

そもそも誓いとは何か、と考えてみますと、それは「誓いをした後は、絶対に嘘は言わない。嘘であれば、裁きを受けてもよい」ということでなされるわけです。ですから本当は神にかけて誓うのが一番よいのです。このところでは、「神にかけて誓う」というのは出てきませんので、ある意味で、「主の名をみだりに唱えてはならない」というのは戒めが生きていたと言えるかもしれません。しかしその代わりに神の代わりのようなもの（天、地など）が次々に出てくるのです。

イエス・キリストが「一切誓うな」と言われたのは、一つには「自分の都合で神を持ち出すのはやめなさい」ということでしょう。もう一つ大事なことは、「誓いということによって、真実である言葉と、真実でなくてもよい言葉を区別するのはやめなさい」ということではないでしょうか。

誓いがあること自体、言葉と真実が直結していないことを前提としています。私たちは、真実である言葉と真実でない言葉を使い分けたりするのではなく、いつでもどこでも神様の前で、そして隣人の前で真実であることが問われているのです。

真実を語るとは何を意味するか

ただしそのこと、つまり神様に対して、そして隣人に対して真実であり続けるということは、必ずしも「嘘をつかない」ということではありません。
ボンヘッファーは「真実を語るとは何を意味するか」ということで興味深いことを言っています。

「一人の児童が級友の前で先生から、『君のお父さんは、酔っぱらってうちに帰って来ることが多いというのは本当かね』とたずねられたとする。それは本当のことである。しかしその児童はそのことを否認する。……この児童の答えは偽りであると言うことができる。それにもかかわらず、この偽りの方がより多くの真実を含んでいる。すなわち、その答えは、この児童が級友の面前で自分の父親の欠点を暴露したと仮定した時よりも、より現実にふさわしいことである。彼の知識の基準に従って、この児童は正しくふるまったのである。偽りの罪は、ただ教師の上に帰って来るのである」（ボンヘッファー『現代キリスト教倫理』四二一頁）。

これは、とても興味深いたとえです。この子どもは、まだ幼いので、「先生の質問は間違っています」とか「そんなことは、みんなの前で言うべきではありません」というふうに反論することはできません。だから単純に「ぼくのお父さんはそんな人間ではありません」と、いわば嘘をついたわけです。しかしその嘘は、「確かに、ぼくのお父さんはいつも酔っぱらって帰って来ます」という事実に即した言葉よりも真実だというのです。ボンヘッファーは、こう述べます。

「もし私の語る言葉が真実に忠実であろうとすれば、私の言葉は、それが誰に語るか、誰から問われているか、何について語るかに応じて違って来る。真実に忠実な言葉は、それ自身一定不変のものではなく、生活そのものと同様に生きているものである」（前掲書四一九頁）。

ボンヘッファーがこれを書いたのは、恐らく一九四三年、彼がナチスに逮捕される直前であったと思われます。彼は自分が逮捕されると、ナチスからさまざまなことを尋問されると予期しながら、これを書き記したのでしょう。まだ捕らえられていない仲間をナチスから守るために嘘をつかなければならないことを想定しているのです。

真実を語るとは何を意味するか。そのところで、一体何が問題になっているか。その言葉がどういうふうに機能するか。これはデリケートなことですが、私たちはそこで神様に対して真実であること、隣人に対して真実であることを貫いて、言葉を選ばなければならないのです。時には正しい言葉でさえも、人を陥れることになるし、人を傷つけることになるものであることを思わされます。

偽証のさまざまな理由

バークレーは『十戒　現代倫理入門』という本の中で、さまざまな「偽り、嘘」を九つ数え上げています。第一は「悪意からくる偽り」。第二は「怖れからくる嘘」。第三は「不注意からくる嘘」。第四は「自慢からくる嘘」。第五は「利益のための偽り」。第六は「沈黙という偽り」。第七は「半面真理であるような偽り」。第八は「自己に対する偽り」。そして第九は「神に対する偽り」です。どれも興味深いものですが、私が特に注意したいと思ったのは、「半面真理であるような偽り」と「沈黙という偽り」です。

「半面真理であるような偽り」は、明らかに嘘だとわかるものよりもやっかいです。戦争を始める時には、いつもそうしたまことしやかな嘘が語られます。ある部分は確かに歴史的事実です。歴史的事実を拾い上げながら、全体としては間違った方向に導いていく言葉というものがあるのです。

沈黙という罪

「沈黙」については、ボンヘッファーは「教会の罪責告白」でこう述べています。

「教会は告白する。――教会は、中傷と告発と名誉棄損によってその生命を奪われた無数の人たちに対して責任がある。教会は、中傷する者に対してその不正を問いただすことをせず、彼らのなすに任せた」(『現代キリスト教倫理』七二頁)。

ナチスがユダヤ人に大きな罪を擦り付けようとした時、教会は、それが冤罪であるということを知っているにもかかわらず、黙っていました。沈黙するということも偽証の一つだと言おうとしているのです。

現代日本の最近の問題に置き換えて考えるならば、たとえば、私は「森友学園問題」を思い起こします。「森友学園」をめぐる公文書の改ざん問題で近畿財務局職員であった赤木俊夫さんは自死されましたが、赤木さんのお連れ合いが「情報開示請求に対し、うその公文書を作成した」などとして、元財務省理財局長を刑事告発しました。赤木さんら原告は告発状で、被告は文書（いわゆる赤木ファイル）が存在することを知りながら「保有が確認できない」などと記載したうその文書を作成したと訴えていました。結局、この訴えは認められませんでしたが、この事件についても、多くの人たちが真実を知りながら、「沈黙する」という形で、偽りの証言をしたということになるのではないでしょうか。

イエス・キリストの裁判

最後に、イエス・キリストが十字架につけられることが決められた裁判のことを思い起こしたいと思います。イエス・キリストを合法的に死刑にするためには、それに相当する証言が必要でした。

「祭司長たちと最高法院の全員は、死刑にするためイエスにとって不利な証言を求めたが、得られなかった。イエスに対する偽証をした者は多かったが、一致しなかったのである。」

（マルコ一四・五五〜五六）

出エジプト記20:16

イエス・キリストを死刑にするという結論は最初から全員で決めていたようです。しかし思うようにいかないので、とうとう、「お前はほむべき方の子、メシアなのか」と尋ね、イエス・キリストは「私がそれである」とお答えになりました。「これでもまだ証人が必要だろうか。諸君は冒瀆の言葉を聞いた」と言って、一気に死刑へと動いていくのです。最後の最後まで真実を貫いたお方が、真実でない言葉によって殺されていく様は、私たちの罪を突きつけられる思いがします。しかしそのところで、イエス・キリストが貫いてくださった真実が、逆に私たちを生かすことになった、ということを、恵みとして思い起こすのです。

（二〇二三年七月九日）

12 貪欲（十戒 XI）

出エジプト記二〇章一七～二一節
ルカによる福音書一九章一～一〇節

むさぼってはならない

今日は十戒の最後である第十戒について学びましょう。

「隣人の家を欲してはならない。隣人の妻、男女の奴隷、牛とろばなど、隣人のものを一切欲してはならない。」（二〇・一七）

以前の口語訳聖書では「むさぼってはならない」という訳でした。「欲する」というよりも「むさぼる」という日本語のほうが、私たちの心の奥底にひそむ思いをよく表しているように感じます。

十戒の後半、象徴的な言い方をすれば、二枚の板の二枚目は、隣人に関する事柄でありました。第六戒、第七戒、第八戒は、「殺人、姦淫、盗み」という具体的「行為」に現れた罪に関係がありました。第九戒は、「偽証」という言葉に関係がありました。それに対して、この第十戒は、「貪欲」という私たちの「心のありよう」「精神」に関係があると言うことができようかと思います。

『ハイデルベルク信仰問答』は、この第十戒について、このように述べています。

「問一一三　第十戒では、何が求められていますか。
答　神の戒めのどれか一つにでも逆らうような
ほんのささいな欲望や思いも、
もはや決してわたしたちの心に
入り込ませないようにするということ。
かえって、わたしたちが、
あらゆる罪には心から絶えず敵対し、
あらゆる義を慕い求めるようになる、ということです。」

「殺人」「姦淫」「盗み」のような具体的行為でなくても、私たちは罪なしとは言えないということを、この第十戒は示しています。宗教改革者カルヴァンは、「この律法は、外面的なものではなく、私たちの魂に関わっている」と言いました。十戒は最後の最後で、私たちの心の奥底に潜む罪にまで目を向けるのです。

欲したものを手に入れる

もちろんこの戒めは、私たちの心の中のことだけを言っているのではありません。行為に直結しています。「むさぼってはならない」の元のヘブライ語、ハーマドという言葉は、何かが欲しいと思ったら、それを実現していこうとする行為をも含んでいるということです。シュタム・アンドリュウという人は、こう解説しています。

「ハーマドは衝動的な意志として『欲する』を意味するだけでなく、欲したものを所有するにいたる陰謀をも含む。それゆえ、第十戒が本来意味したところによれば、それは単に、意志に対して向けられているだけでなく、同時に、隣人の財産を得るために人が用いる暴力的陰謀にも向けられている」（シュタム・アンドリュウ『十戒』）。

人がもっているものを自分のものにしたい。力をもっている者は、その力を用いて何でも自分のものにしていこうとする。これまでも、十戒を学ぶ中で、ダビデがウリヤの妻バトシェバを自分のものにした罪（サムエル下一一章）について述べました。しかし出発点として、この「むさぼってはならない」という戒めに反したことを忘れてはならないでしょう。また「ナボトのぶどう畑を手に入れたい」というあのアハブ王の思い（列王記上二一章）も同じくここにつながってくるものです。

極端な富の偏り

近年のニュースでは、大手の電気自動車会社の社長が、ツイッター社の株を大幅取得して自分のものにし社名まで変更したとか、あるＩＴ企業が別のＩＴ産業と手を組んで競争に負けないように巨大化していくとか、巨大なマネーゲームのような報道が、刻一刻と目に飛び込んできます。私には想像もつかない金額の世界ですし、善し悪しをいう知識も持ち合わせていませんが、資本主義の恐ろしさというものをまざまざと見せつけられる思いがしています。食うか食われるか。こうしたことが、国内でも国際舞台でも、弱い者をどんどん食いつぶしてきたのでしょうか。

また「セレブ」という言葉を耳にします。庶民とは違う、選ばれたお金持ちというような意味で使われているようです。バラエティー番組では、そうした「セレブ」の超ぜいたくな生活ぶり、買物ぶりを見せつけて「庶民」の羨望をかき立てます。

その一方で、ウクライナ戦争のニュースがあり、ミャンマーの軍事政権による民主化運動の押さえつけ、トルコの大地震で大勢の人がなくなっているという報道がなされる。アジアやアフリカの極度の貧困の状況、貧困ゆえに拡大した自然災害の被害。またあまりニュースにはなってはいませんが、スーダン、南スーダンなどアフリカでも激しい紛争が起こっています。

この不釣合い、アンバランス。この二つを並べて見る時に、私は富の極度の偏り、自分のために極端に浪費的にお金を用いることは、それがどんなに合法的であったとしても、やっぱり罪だということを思わざるを得ないのです。

いや実は、この二つは無関係なのではなく、共に人間の貪欲から生み出される世界の表と裏だと言えるのではないでしょうか。「セレブ」の世界を作り上げ、それを維持したり、羨望したりすることが、もう一方で、極度の貧困や戦争やテロを、直接的、間接的にもたらしているのです。

イエス様は、「あらゆる貪欲に気をつけ、用心しなさい。有り余るほどの物を持っていても、人の命は財産にはよらないからである」（ルカ一二・一五）と言われました。

原子力と「むさぼり」

石巻栄光教会の川上直哉牧師は、この第十戒の解説で、「原子力とむさぼり」ということを指摘しておられます。

「福島第一原子力発電所の爆発事故の後、『ポスト・フクシマ』という時代を生きていたはずの私たちは、すでに二〇一一年以来、『むさぼるな』という神さまの戒めの声をはっきりと聞いてきたのではなかったでしょうか。……原発と原爆は表裏一体の関係にあります。『もっと、もっと』という欲望が、核エネルギーを人類の手元へと引き寄せました。そして、その過程において、太平洋の島々に、矛盾と不条理をしわ寄せした。でも、私たちはそれに気づかず、安全で快適な生活を『もっと、もっと』とむさぼった。そしていつか原発ができた。その立地町村を引き裂きながら。そして「ウリヤの到来」となった。『三・一一』です。二〇一一年三月一二日

から一五日にかけ、原発は爆発をした。」（『信仰生活ガイド　十戒』一二二〜一二三頁）

ウリヤとはダビデが奪った女性バト・シェバの夫であり、ダビデ王のむさぼりの犠牲となって殺されていった人物です（本書一一二頁参照）。本質をよくとらえた表現であると思います。

高木仁三郎さんの警告

誰よりも早く、原発専門の科学者として、核の危険性を訴え続け、二〇〇〇年に亡くなった高木仁三郎さんは、天地創造に関して興味深いことを述べておられます。

「天と地は別々の原理法則で動く世界として存在する。地上には地上の世界がある。両者は全く別の法則の下にある。そこには厳然たる区別がある。それは冒されてはならない。」そう述べて、さらに続けます。

「原子力というのは、本来の地上世界にとっての異物を導入して原子力の安定を破壊し、そのことによって非地上的なまでの力を得ようとする技術である。それは本質的に地上の生命世界の原理とは相いれず、その非和解的衝突を私たちは、広島、長崎、そしてチェルノブイリにおいて典型的に見ているのである。」

これは高木仁三郎さんが一九八七年頃に述べたことですが、私たちは今、広島、長崎に、福島を付け加えなければならないでしょう。そしてこう述べるのです。

「このようにみれば、核（原子力）開発は、文字通りプロメテウスのごとく天の火を盗む行為であり、禁断の行為であったはずである」（富坂キリスト教センター編『エコロジーとキリスト教』二一一～二一四頁参照）。

この言葉に私ははっとしました。それは地上世界にないものを欲する行為です。天にしか存在しえないものを地上に持ち込もうと欲するならば、それは死を招くのです。神様がアダムとエバに「園の中央の木からだけは食べてはならない。死んではいけないから」と言われた命令、そして忠告に反するものです。

私はこの第十戒「隣人の家を欲してはならない。隣人のものを、一切欲してはならない」という言葉は、「自分（たち）のものではないものを欲してはならない」というふうに広く解釈することができるのではないかと思います。それは元来、神が地上世界には造らなかったものに手を伸ばし、「神のようになりたい」という人間の欲望に基づく行為であるように思うのです。

ザアカイ

ザアカイという人も、欲望が留まることを知らないで、貧しい人からお金を巻き上げて、自分の財産を蓄え、自分を肥やしていく人生を送っていました。しかしいくらお金をもっても満たされない。何か欠けている。友人がいない。いざという時に、自分を助けてくれそうな人は誰もいない。そうしたことで寂しい思いをしていました。そこへイエス・キリストがやってきて、声をかけられるのです。

「ザアカイ、急いで降りて来なさい。今日は、あなたの家に泊まることにしている。」

（ルカ一九・五）

ザアカイは喜んで主イエスを迎えて、そこから生き方が変わっていくのです。ザアカイは、イエス・キリストを自分の家へ迎えた後に言いました。

「主よ、私は財産の半分を貧しい人々に施します。また、誰からでも、だまし取った物は、それを四倍にして返します。」

（ルカ一九・八）

これは、いわばザアカイの信仰告白と言えるのではないでしょうか。イエス・キリストによって新しい生き方を示された。生き方の転換です。イエス・キリストは「今日、救いがこの家を訪れた。この人もアブラハムの子なのだから」（ルカ一九・九）と祝福されました。彼の財産は、よりよい形で、本当に深い形で、最も意味ある形で生かされる道がここにひらけているのです。

神の顕現

さて、十戒の本文は以上で終わりですが、その後にこう記されています。

「民は皆、雷鳴がとどろき、稲妻が光り、角笛の音と山が煙るのを目の当たりにした。民は見て震え、遠く離れて立（った）。」（二〇・一八）

この情景は、一九章に続くものです。

「三日後の朝、雷鳴と稲妻と厚い雲が山の上に臨み、角笛の音が極めて力強く鳴り響いたので、宿営にいた民は皆、震えた。」（一九・一六）

神様が人の前に現れる時の情景。それが雷鳴と稲妻、角笛の音、そして山が煙に包まれるという形で記されています。そしてモーセに言うのです。

「あなたが私たちに語ってください。そうすれば私たちは聞き従います。しかし神が私たちにお語りにならないようにしてください。私たちが死なないためです。」（二〇・一九）

このことの前提としては、神を見た者は死ぬと言われていたことがあります。神様の聖さの前には、どんな人間も向き合って立つことができない。その聖さが、罪に汚れた私たちを滅ぼしてしまう。民自身がそのことをよく知っていました。神様が現れようとする時に、少し逃げ腰にも思えますが、モーセに向かって、「あなたが代表して神に向き合ってください」と言ったわけです。仲保者モーセの姿が、ここに記されています。

「恐れてはならない。神が来られたのは、あなたがたを試みるためである。神への畏れをあなたがたの目の前に置き、あなたがたが罪を犯さないようにするためである。」
（二〇・二〇）

このところに、一体何のために、律法が、特に十戒が、私たちに人間に与えられたのかということが端的に示されています。

恐れと畏れ

興味深いことに、モーセはここで、「恐れてはならない」と言いながら、「神への畏れをあなたがたの目の前に置く」と言っています。日本語の聖書では、「おそれ」に違う漢字が当てられています。「恐れてはならない」と「畏れなさい」ということが同時に語られる。この一見矛盾するようなことが、実は私たちの信仰というものをよく表しています。神様の前に畏れをもたなければならない。これが信仰の出発点です。

神様を神様として立てるということは、その前で自分の分をわきまえて、神様によって創られたものであることを知る、神様の前では、立っていることができない程の存在であることを知るということです。ところが神様の存在は、この時彼らが「神様の前で、自分たちは死んでしまう」と思ったように、私たちを恐怖に陥れるものでしょうか。不思議なことにそうではありません。私たちが神様の御前に立つ資格がないにもかかわらず、私たちが立つことができるようにしてくださる。それが聖書の神様が私たちに示してくださっていることです。

この時はモーセが仲保者として神と民の間に立ちましたけれども、私たちは、その後、イエス・キリストという神様の直接遣わされた神様の御子を救い主としていただいています。この方においてこそ、畏れ敬いながら、イエス様が親しく「アバ（お父さん）」と呼ばれたように、私たちも恐れることなく親しい方として、あがめる道がひらかれたと言えるでしょう。

（二〇二三年七月三〇日）

13 解放

出エジプト記二〇章二二節〜二一章二節
マタイ福音書一八章一八〜二〇節

契約の書

今回から「契約の書」と題された部分に入ります。二〇章二二節から二一章二節をお読みいただきましたが、ほぼ二一章全体を扱いたいと思います。

「契約の書」とは、一種の法律集のようなものです。新共同訳聖書では、中に細かい小見出しが付いていました。二〇章二二節から終わりの二六節までのところには、「(一) 祭壇について」という小見出しがついていて、二一章では (二) 奴隷について、(三) 死に価する罪、(四) 身体の傷害、(五) 財産の損傷、と続きます。ただし聖書協会共同訳では、それが無くなりました。そう厳密には分けられないからかもしれません。

この「契約の書」という名前は二四章七節から来ています。

「モーセは血の半分を取って小鉢に入れ、血のもう半分は祭壇に打ちかけた。そして、その契約の書を取り、民に読み聞かせた。」（二四・六〜七）

その「契約の書」というのが、二〇章二二節から二三章の終りまでの部分なのです。十戒は断言的な命令でしたが、「契約の書」では、それが、実際の生活にどのように適用されるかが具体的に展開されています。

ハンムラビ法典の影響と相違点

「契約の書」は、一体いつ頃成立したのでしょうか。最終的に整えられたのは、ダビデ王、ソロモン王の後の分裂王国時代であろうと言われますが（紀元前八世紀頃）、その原型となったものは、士師の時代にできていたであろうと言われます（紀元前一二世紀から一一世紀頃）。

興味深いことに、この「契約の書」は、それよりも前の時代のバビロニアのハンムラビ法典との間に、さまざまな類似点があるのです。

ハンムラビ法典というのは、紀元前一七九二年から一七五〇年にバビロニアを統治したハンムラビ王が晩年に発布した法典です。ハンムラビ法典の最も有名な言葉の一つに「目には目を、歯には歯を」という言葉があります。

ちなみにこの言葉は、「誰かに何かされた場合、必ず復讐する」という意味で引用されることが多いです。今起きているパレスチナとイスラエルの紛争にしてもそうでしょう。しかし本来は、むしろ逆に、私的な復讐（リンチ）を禁じ、制限するものであったそうです。人間の復讐心というのは、だんだんとエスカレートします。しかし「目をやられたら、目だけ。歯をやられたら、歯だけ。それ以上は、やってはならない」というのが、その本来の精神でした。（同害報復）。

さて「契約の書」の中にも、「目には目を、歯には歯を」という言葉が出てきます。「しかし、命に関わるときは、命には命を、目には目を、歯には歯を、手には手を、足には足を、やけどにはやけどを、生傷には生傷を、打ち傷には打ち傷をもって償わなければならない」（二一・二三～二五）。

これなどは、明らかにハンムラビ法典を下敷きにしているものでしょう。ハンムラビ法典とモーセの「契約の書」を比べてみると、似ていながら、決定的に違っているところがあります。「契約の書」のほうは、あくまで神様からいただいたものであり、そこには神様の心が表れているということです。そして一貫して、「契約の書」のほうが人道的です。それは単に人間的レベルで、ヒューマニスティックということではありません。そこには明確に、神が人間を契約の相手として大事に扱われる、ということが映し出されているのです。人間同士の関係を問うものでありながら、そこには神様の意志、神様ならどうされるかということが示されている。これはそういう意味で、単なる法律集を超えたものです。

大野恵正さんは、「契約の書の特徴は、純世俗的な法と宗教的な法の結合にあり、社会正義の問題を宗教的問題と受け止める神学的精神が息づいているところにある」と述べています（『新共同訳　旧約聖書注解Ⅰ』）。その意味で、「（一）祭壇について」ということから始まるのは、その性格をよく表していると言えるでしょう。

奴隷の解放

さて先に二一章のほうを見てみましょう。短い序文が、まず出てきます。

「あなたが彼らの前に置くべき法は次のとおりである。」　（二一・一）

神様がモーセに対して、「こう語れ」と、以下のことを述べられるのです。

序文に続いて、最初にあるのが「(二一) 奴隷について」の規定です (二一・一～一一)。(新共同訳の小見出しに沿ってお話しします。) これは、古代中近東の法律書の中では異例のことだそうです。ちなみにハンムラビ法典では、最初に公的秩序 (組織的な司法制度、所有財産の保護、王や国家に対する賦役義務など) があり、次に、個々の市民の権利や利害に関する事例を取り扱って、奴隷に関する法は最後に置かれています。

しかし「契約の書」では、奴隷に関する法が、最初に置かれているのです。しかもその内容はと言えば、解放について語っているのです。

「あなたがヘブライ人の奴隷を買った場合、彼は六年間仕えれば、七年目には無償で自由の身として去ることができる。」 (二一・二)

ここに「ヘブライ人」とありますので、「同胞を奴隷とする場合だけか」と受け取られるかもしれませんが、そうではありません。「ヘブライ人」という呼び名は、「束縛状態にある人」一般を指す言葉でもありました (創世記三九・一四、申命記一五・一二、エレミヤ三四・九、サムエル上一四・二一参照)。ここでは生まれながらの奴隷、簡単に奴隷状態に陥ってしまう貧しい社会層の人々、何らかの理由で、普通の人が享受できる法的保護を受けられないアウトサイダーを指す言葉であったようです（大野恵正、前掲書参照）。もちろん、彼らが自由になるためには、さまざまな条件を満たしていなければなりません。それがこの後に記されていくことになるのですが、そうした制約がある中で、奴隷状態に置かれている人間の自由について、最初に述べているというのは、聖書の神様の関心事の優先順位を示しているのではないでしょうか。

神がその者の手に起こしたのなら

次にあるのが、「(三) 死に価する罪」という項目です（二一・一二〜一七）。

「人を打って死なせた者は必ず死ななければならない。ただし、その者に殺意がなく、偶然のことであるなら、私はあなたにその者の逃れる場所を定める。」

（二一・一二〜一三）

「契約の書」は、断言的命令である十戒の具体的な適用だと申し上げましたが、これも「殺してはならない」という十戒の戒めが、いかに適用されるべきかを述べたものと言えるでしょう。ここで「その者に殺意がなく、偶然のことであるなら」と訳された言葉は、直訳では「神がその者の手に起こしたのなら」となります（聖書協会共同訳の注参照）。これは、現代の言葉で言うと、「過失致死」に近いものでしょう。「過失」がない場合も含まれるかもしれません。本人に殺意はなかったのです。

私たちは今日でも、そういうことをさまざまな形で経験します。交通事故や医療事故のようなこともあるでしょう。もちろん当事者の責任はあいまいにされてはならないでしょうが、直訳の「神がその手に起こしたのなら」という表現の背後には、「そこには何らかの形で神の意志が働いている」という認識があるのでしょう。

もっとも愛する人を奪われた家族にとっては、それで納得のいくことでもないでしょう。なかなか「主は与え、主は奪う。主の名はほめたたえられますように」（ヨブ記一・二一）という信仰に至るのは難しいことですし、そこに至るにしても随分時間がかかることだと思います。

しかしながら、意図せず死に至らしめてしまった人もまた、守られなければならない。復讐のために殺されてはならない。神様がそのために、ある場所を備えられる。その人はそこに逃れることができる、ということです。それが一体どこであるのか。この後を読んでみますと、それが祭壇であることが間接的にわかります。

「しかし、ある人が故意に隣人を襲い、計画的に殺した場合、あなたは私の祭壇から彼を連れ出して殺さなければならない。」（二一・一四）

つまり祭壇がひとつの「逃れの場所」（サンクチュアリー、聖域）であったことが考えられる。殺されそうになった時に、そこで保護されたのです。神様はそういう場所を用意しておられた。このことは後の時代になってきますと、「逃れの町」というひとつの町に発展していきます（申命記一九章）。

身体の傷害

その後、「（四）身体の傷害」と続きます（二一・一八〜三二）。誰かに傷害を与えた場合のことです。重傷、軽傷さまざまです。また家畜による傷害もあるでしょう。いろいろな事例を細かく検討しています。なかなか興味深いものです。

家畜に突き癖があることを家畜の主人が知っていた場合、つまりその家畜が傷害を与える可能性が高いことを所有者が知っていた場合はどうなるかなど、さまざまです。「(五)の財産の損傷」(二一・三三～三六)も同様です。

土の祭壇

さて最初の「(一)祭壇について」に戻りましょう。

「イスラエルの人々にこう言いなさい。『あなたがたは、天から私があなたがたと語るのを見ていた。あなたがたは私と並べて何も造ってはならない。銀の神々も金の神々も、自分のために造ってはならない。』」
(二〇・二二～二三)

これも、十戒の「あなたは自分のために彫像を造ってはならない」(二〇・四)を展開したものと言えるでしょう。

イスラエルの民は、実はこの後、モーセがいなくなっている間に、モーセの兄弟であるアロンをせき立てて「金の小牛」の像を造ることになります(出エジプト記三二章)。みんなから金を集めるのです。この世的にも、値打ちのある神様が欲しい。これはある種の誘惑です。そちらのほうが、いかにも神様が宿っているように見える。みすぼらしいものよりも、神々しいもののほうが優れているように見える。この時に、モーセはそうした人間の誘惑というものをよく知っていたのでしょう。それではどこでどのように礼拝すればよいのか。

「私のために土の祭壇を造り、その上で焼き尽くすいけにえと会食のいけにえとして羊と牛を屠りなさい。」（二〇・二四）

土の祭壇。「ええ、土ですか！」そういう応答がかえってきそうです。「土の祭壇なんて、魅力がありません。値打ちがありません。せめて石で造らせてください。土なら大雨になると、泥になって崩れてしまいます。石のほうがまだましです。」モーセは、すでにそういう応答を予期しています。

「石の祭壇を私のために造るなら、切り石で築いてはならない。その上でのみを振るうなら、それを汚すことになるからである。」（二〇・二五）

「石を使いたいなら、まあ仕方がない。許してやろう。ただし『切り石』を使ってはならない。」切り石というのは、のみを使って、きれいに整えたものです。そのほうが、値打ちがあるように見えるでしょう。しかし「のみを当てると、石が汚される」というのです。神様が造られたとおりのもの、人間の手が加わっていないものを使って祭壇を造る。それによって、偶像に通じる「よりよいもの、より美しいものこそ、ありがたみがある」という誘惑を避けるのです。

御名により集まる群れ

それでは、神様は一体どこにおられるのか。二〇章二四節後半に、こういうふうに記されています。

「私は、私の名を思い出させるすべての場所においてあなたに臨み、あなたを祝福しよう。」（二〇・二四b）

何と力強い言葉でしょう。形によらない。金銭的価値によらない。芸術的価値にもよらない。人間のものさしではないのです。「私の名を思い出させるすべての場所において」。新共同訳聖書では、「私の名の唱えられるすべての場所」となっていました。そこに神様がおられるというのです。

もちろん「御名を唱える」というのは、表面的、形式的なことではありません（マタイ七・二一参照）。真実な心で、神様の御名が唱えられるところ。そここそが、礼拝の場所だというのです。ヤハウェの神様の高らかな宣言ではないでしょうか。

イエス・キリストはこう言われました。

「二人または三人が私の名によって集まるところには、私もその中にいるのである。」　（マタイ一八・二〇）

イエス・キリストの名前が、二人、三人、あるいはそれ以上の人々によって真実に唱えられるところ、そこに教会があるのです。これは、プロテスタント教会にとっての「最少の教会の定義」と言えるかもしれません。「イエス・キリストの御名が二人以上の人によって、真実に唱えられるところ、そこが教会だ」ということです。

そして私たちは、イエス・キリストの名が唱えられるところへ招かれて、今日もこのように礼拝をしています。神様の御心が一体どこにあるのか。この契約の書に記されたような、神様の御心を私たち自身の心として受けとめ、それを実現していく群れでありたいと思います。

（二〇二三年一〇月二二日）

14 公　正

出エジプト記二二章二〇〜二六節
ヤコブの手紙一章二二〜二七節

四倍、または五倍にして返す

出エジプト記の「契約の書」と呼ばれるところを読んでいます。今回も新共同訳聖書の小見出しを参考にしながらお話しします。先ほどは二二章二〇〜二六節を読んでいただきましたが、この箇所を中心に、新共同訳の小見出しの始まりである二一章三七節から二二章の終りまでを取り扱います。煩わしく見える法律集のようなものですが、ここにも興味深い事柄がたくさん散りばめられています。新共同訳の小見出しでは、(六)盗みと財産の保管、と題されている項目から始まります。

「人が牛または羊を盗んで、これを屠るか、売ったりした場合、その者は牛一頭に

対して五頭の牛で、また、羊一匹に対して四匹の羊で賠償しなければならない。」（二一・三七）

盗みをした場合には、四倍ないし五倍にして返すということです。私はこれを読んで新約聖書の、有名な徴税人ザアカイの話を思い起こしました（ルカ一九・一～一〇）。

ザアカイは、貧しい人たちから財産を横取りするように税金に上乗せして、私腹を肥やしていましたが、イエス・キリストと出会って人間が変えられます。誰も友だちがいなかったのに、イエス・キリストは、彼を見るなり、「今日は、あなたの家に泊まることにしている」とおっしゃったのです。彼はうれしくて、精一杯のもてなしをしました。そして彼は、こう宣言します。

「主よ、私は財産の半分を貧しい人々に施します。また、誰からでも、だまし取った物は、それを四倍にして返します。」（ルカ一九・八）

ザアカイは、自ら進んでそう言ったのですが、その背景にはこの「契約の書」があったからではないかと察せられます。

正当防衛と過剰防衛

「もし盗人が家を壊しているところを見つかり、打たれて死んだなら、死なせた人には血の責任はない。しかし、もし日が昇っていたなら、その人には血の責任がある。」

（二二・一～二a）

これは、今日の言葉で言えば、正当防衛と過剰防衛のようなことではないでしょうか。夜に侵入された場合は、相手も見えず、こちら側も不安です。泥棒を殺してしまったとしてもやむを得ない。しかし明るいところでは「やむを得ない」とは言えない、殺さずに済むものを殺してはならない、ということです。

戦争状態においては、私たちは自分を守るため、家族を守るために、攻撃してくる相手を殺さざるを得ないということもあるかもしれません。しかしそれを超えることをしてはならない、ということでしょう。今、ガザでイスラエルの軍隊が行っていることは明らかに過剰防衛であり、戦争犯罪であるということを、私たちは声を大きくして訴えていく必要があるでしょう。旧約聖書のこの時代に、すでにそうしたことを戒めているということがわかります。

ぶどう畑のものを食べる

「ある人が畑やぶどう畑で家畜に草を食べさせ、彼が家畜をそのまま放置して、家畜が他人の畑のものを食べてしまった場合、自分の畑やぶどう畑の最も良いもので賠償しなければならない。」（二二・四）

自分の畑の草がもったいないから、というようなこともあったかもしれません。その場合は、最上のものをもって償わなければならないというのです。ただし人間の場合は、貧しい人が飢えをしのぐために、人の畑に入ってその畑のものを食べることは許されていました。

「隣人のぶどう畑に入ったなら、思うまま満足するまでぶどうを食べてもよい。しかし、それを籠に入れてはならない。隣人の麦畑の中に入ったなら、手で穂を摘んでもよい。しかし、隣人の麦畑で鎌を使ってはならない。」（申命記二三・二五～二六）

これが背景となって、イエス・キリストと弟子たちが麦畑を通り過ぎる時に、その麦の穂を摘んで食べるという記事が新約聖書に出てきます（マタイ一二・一〜三）。今日の私たちの法律からすれば、これも泥棒行為になるでしょうが、その行為は許されていたのです。ただし限度があった。「籠に入れて持って帰ってはいけませんよ。鎌を使ってはいけませんよ。」貧しい人のことを配慮した戒めです。神様の温かい配慮を見るような気がいたします。

預かり物をなくした場合

その後、火事を出した場合の規定があり（二二・五）、さらに、誰かの物を預かっている間に、それが盗まれた場合の責任は誰にあるかというような規定が続きます（二二・六〜一四）。三人の人がいます。盗人と、預かり物の持ち主と、それを預かっていた人です。盗人が見つかった場合は盗人が償う責任がある。当然です。盗人が見つからなかった場合は、それを預かっていた人は、自分が盗ったのではないという誓いをしなければならない、などと続きます。

その次は、預かっている家畜が死ぬか、病気になるか、盗まれた場合の責任です。畑を借りて耕す人がいるように、家畜を借りて、それで仕事をする人がいました。借り賃も支払っていました。そのようにして借りている間に起きた事件、あるいは事故。証人がいない場合には、「自分は決して人の持ち物に手をかけなかった」という誓いをする。そうすると、所有者はそれを受け入れなければならない。ただし彼のところから盗まれた場合は、賠償責任があるというのです（二二・一一）。また野獣に裂き殺された場合は、その証拠を見せなければならないとあります（二二・一二）。

私は、創世記のヤコブの息子ヨセフが、兄たちにエジプトへ行く商人に売り渡された時のことを思い起こしました。あの場合には、家畜ではなく、ヨセフという一人の人間でありました。彼が野獣に殺されたということの証拠として、兄たちはヨセフの服に雄山羊の血をつけ、ヨセフの血に見せかけて父ヤコブに見せたのです（創世記三七・一八～三五）。もちろん、それは偽証でありました。

必ず責任が伴う

次の一五～一六節は、今日の私たちには、受け入れられがたいものでしょう。

「もし人が、まだ婚約していないおとめを誘惑し、彼女と寝た場合、必ず結納金を支払って、自分の妻としなければならない。彼女の父が彼女を与えることを固く拒むなら、その者はおとめの結納金に当たる銀を支払わなければならない。」

（二二・一五〜一六）

これは、女性が一人の人間として人格を認められていなかった時代の律法です。今日の私たちからすれば、こんな男のわがまま、勝手なことが許されるのか、と思うでしょう。当然のことです。ただこのところで言おうとしているのは、「その行動には必ず責任が伴う」ということです。今日であれば、その女性がその人と結婚したくない場合は、それをはっきり断る。そして賠償金を要求するということになるでしょう。しかしこの当時は、その父親がその女性の保護者でしたので、父親が娘に代わって、それを拒む権利をもっていたのです。こういう規定がない状態では、弱い立場の人間、その女性がしばしば泣き寝入りということがありました。

寄留者、寡婦、孤児

「契約の書」を細かく見ていきますと、時代的制約のような事柄もたくさん出てきます。それに続く一七～一九節もそうでしょう。しかし同時に、今日においても普遍的に妥当する事柄、いや今日の法律よりも深い次元の事柄もあるように思います。特に二〇節以下の箇所は、神様の心がどこにあるかということが、よく表れている部分であると思います。

「寄留者を虐待してはならない。抑圧してはならない。あなたがたもエジプトの地で寄留者だったからである。いかなる寡婦も孤児も苦しめてはならない。あなたが彼らをひどく苦しめ、彼らが私にしきりに叫ぶなら、私は必ずその叫びを聞く。」

（二二・二〇～二二）

寄留者、寡婦、孤児、これらの人々は、社会の中で、最も弱い立場にある人たちの代表でした。この人たちには、彼らを守り、支える保護者がいませんでした。だから共同体がその人たちを守り、養う責任があるというのです。寡婦、孤児、寄留者、彼らがどのように大事にされているか。そのことは、その共同体がどれほど成熟した共同体であるかどうかの一つのバロメーターと言えるのではないでしょうか。

聖書、特に旧約聖書を読んでいると、神様は、弱い者の味方をされる、ということが強く出てきます。弱い者いじめをゆるさない。それは聖書の神様の大きな特徴です。しかしそれはもう一つ深いところでは、神様は公正な方だからだと言えると思います。「公正」という言葉は普段あまり使わないかもしれません。（「公正取引委員会」などでは出てきます。）「公平」と「正義」を合わせたような意味です。なぜ神様はそういうお方なのか。考えてみると、それはこの世界が、公正ではなく、強い者、力をもつ者、裕福な者に偏った社会であるからではないでしょうか。神様は弱い者の味方をすることによって、自ら公正であることを示されるのです。

先ほど読んでいただいたヤコブの手紙の中にも、次のような言葉があります。

「みなしごや、やもめが困っているときに世話をし、世の汚れに染まることなく自分を守ること、これこそ父なる神の前に清く汚れのない宗教です。」（ヤコブ一・二七）

こうしたことは、今日の私たちの社会においても、教会においても、大事なことではないでしょうか。これをもっと具体的にしたような戒めが申命記の中に出てきます。

「あなたが畑で刈り入れをするとき、畑に一束忘れても、それを取りに戻ってはならない。それは寄留者、孤児、寡婦のものである。そうすれば、あなたの神、主が、あなたの手の業すべてを祝福してくださる。あなたがオリーブの実を落とすとき、後から枝をくまなく探してはならない。それは、寄留者、孤児、そして寡婦のものである……。あなたがエジプトの地で奴隷であったことを思い起こしなさい。それゆえ私は、あなたにこのことを行うように命じるのである。」

（申命記二四・一九～二二）

美しい言葉であると思います。この言葉ですぐに思い起こすのは、ルツの物語です。ルツは夫に先立たれて、寡婦になります。しゅうとめのナオミはルツに実家に帰って再婚するよう、何度も勧めるのですが、ルツはナオミを見捨てず、どこまでもナオミに従って行くのです。しゅうとめのナオミが故郷のユダに帰る決心をした時も、ルツは住み慣れた土地（モアブ）を離れて、ナオミに従いました。ルツはユダの地ではナオミ以外には誰も知り合いがいませんでした。寡婦であり、寄留者でありました。しかしそのルツに目をかけた人がいました。ボアズという人です。ボアズは、ルツに対して、「心配せず、私の麦畑で落穂拾いをすればいい」と言いました。そして、働く人たちに、ルツのためにわざと落穂を落としていくように命じるのです。

やがてボアズは、正式な手続きを経てルツを妻としてめとり、その二人の間から、エッサイの父となるオベドが生まれ、エッサイから後に王となるダビデが生まれてくることになります（ルツ四・一七）。そのようにして、弱い人たちに対する配慮の中で、神様の物語が育まれていくのです。

憐れみ深い神に感謝

「もしあなたの隣人の上着を質に取るようなことがあっても、日が沈むまでに彼に返さなければならない。それは、彼のただ一つの服、肌を覆う上着だからである。彼はほかに何を着て寝ることができるだろうか。彼が私に向かって叫ぶとき、私はそれを聞き入れる。私は憐れみ深いからである。」

（二二・二五～二六）

こういうきらりと光る言葉に出会うのです。「私は憐れみ深いからである。」

イエス・キリストというお方はそういう神様の「憐れみ深さ」が、人の姿をとってあらわれた方ではなかったでしょうか。イエス・キリストは、「この最も小さな者の一人にしたのは、すなわち、私にしたのである」（マタイ二五・四〇）と言って、その関係を明確に位置付けられました。

献げものの心得

終わりの二七節以下の部分は、新共同訳聖書では、「祭儀的律法」と題されています。

「あなたの豊かな収穫と果汁を献げるのをためらってはならない。あなたの息子のうち初子を私のものとしなければならない。」（二二・二八）

献げものの心得について、教えられる思いがします。私たちも献金という献げものをしますが、それは残りものではなく、最初のもの、自分の中で最も大事なものを取り分けて献げるというのが、本来の心でしょう。もちろん、そうすることは神様が私たちにしてくださった恵みと一つです。「あなたがたが寄留者であった時に神様は大事にしてくれたでしょう。だから、あなたがたも大事にしてあげなさい」ということと「神様はとても大事なものを私たちにささげてくださった。だからあなたがたも神様に最も大事なものをささげなさい」ということ。この二つは、やはり切り離せないところでセットになっているのです。

私たちは、イエス・キリストの名のもとに、ここに呼び集められ、ここで一つの群れとされています。そうした中、神様の御心、イエス・キリストの御心に応える群れでありたいと思います。

（二〇二三年一一月一九日）

15 天使

出エジプト記二三章四～五、二〇～二三節
テサロニケの信徒への手紙一
五章一二～二二節

正義・公正・慈愛

講壇のキャンドルに二つ灯がともり、アドベント第二主日を迎えました。「アドベントらしい題を」と思い、「天使」という題にしましたが、最後のほうでそのことに触れたいと思います。

今回は出エジプト記の二三章から御言葉を聞いてまいりましょう。この部分は「契約の書」と呼ばれますが、今回で三回目であり、最後です。「契約の書」は、十戒を与えられたイスラエルの民が、その十戒を、いかに具体的な生活に適応したらよいかを示したものと言えます。その根底に流れる精神は、「神が正義に満ちた方であるように、あなた方もいつも正しくあれ」、「神が公平な方であるように、あなたがたも誰に対しても公平であれ」、「神が憐れみ深い方であるように、あなた方も憐れみ深くあれ。特に貧しい人、困っている人に憐れみ深くあれ」ということです。個々の戒めにも、そうした精神が貫かれています。

聖書協会共同訳聖書では省かれてしまいましたが、新共同訳聖書では、個々の法律について、番号を振って題が付いていました。今回もそれを参考にお話しします。二三章は、(一―)から(一六)までの六つの番号と、二〇節以下の結びの言葉です。具体的な法の部分では、前半の三つ、一～三節に「法廷において」、四～五節に「敵対する者とのかかわり」、六～九節に「訴訟において」という題が付いていましたが、これらを「法廷での手続きを規制する法」としてまとめることができるでしょう。後半の三つは、一〇～一一節に「安息年」、一二～一三節に「安息日」、一四～一九節に「祭り」という題が付いています。これらを「祭儀暦」としてまとめることができるでしょう。

曲げてはならない

二三章は、このように始まります。

「あなたは根も葉もない噂を流してはならない。悪人に加担して、悪意のある証人になってはならない。多数に追従して、悪を行ってはならない。訴訟において多数者に合わせて答弁し、判決を曲げてはならない。」（二三・一～二）

どれも、今日でもしばしば行われていることではないでしょうか。「根も葉もない噂を流す。」「悪意のある証人となる。」「多数に追従する。」人を陥れるつもりはなくても、自分を守るため、家族を守るため、会社を守るために、ついそうしてしまうこともあるかもしれません。

今年九月二七日、水俣病訴訟で、大阪地裁は「救済策の対象外の原告全員を水俣病と認定する」という判決がありましたが、水俣病の被害がこれほどまでに拡大してしまったことは、国や県や会社が非を認めようとしなかったからであると同時に、それを擁護するために、一流の学者がそれを支持するような証言をしたからでした。

六節以下においても、それに通じる裁判の訴訟のことが記されています。

「あなたは貧しい者の訴訟において、裁きを曲げてはならない。偽りの言葉から距離を置かなければならない。罪なき者や正しき者を殺してはならない。」

（二三・六〜七）

ここに掲げられている言葉は、たった一つ、水俣病という具体的なケースに照らしてみても、今日でも、びんびんと私たちに響いてくるものではないでしょうか。さらにこう述べられます。

「あなたは賄賂を受け取ってはならない。賄賂は目の見える人を見えなくし、正しき者の言い分をゆがめるからである。」

（二三・八）

これも、何と私たちの弱さを見抜いた言葉でしょう。政治家の発言を聞いていると、誰が考えてもおかしいとわかるような事柄を、平気で「どこがおかしいのか。何が悪いのか」と開き直って言っているように思えることがあります。そんな時、何かを隠しているに違いない。裏でお金が動いているに違いないと思ってしまいます。賄賂というのは、人の目を見えなくさせ、正しい判断力を麻痺させてしまうのです。

さかのぼって、三節では「また、訴訟において、ことさらに弱い者をかばってはならない」とあります。これは一連の言葉と少しトーンが違います。それゆえにこの「弱い人」というのを「力ある人」と読み替える解釈もあります。子音を一つ補えば「弱い人」が「力ある人」というふうに、ほとんど反対の意味になるそうです。そうすれば、「力ある人におもねいてはならない」というふうにトーンが一貫することになります。ただしそのまま読んでも意味があるでしょう。私たちは、時に過度に弱い人の味方をして、真実が見えなくなってしまうこともあるからです。いつもどんな状況においても、公正であらねばならない。

申命記五章三二節に「あなたがたは、あなたがたの神、主が命じられたとおり、守り行わなければならない。右にも左にもそれてはならない」という言葉があります。私たちは、右に傾くことがあると同時に、時に左に傾くこともあると、わきまえておく必要があるでしょう。どちらにも曲げてはならない。聖書の神様は、どちらかと言えば、貧しい人、弱い人をひいき目にしておられるように見えます。それは、社会全体が強い人、お金持ちのほうに傾いているからであって、むしろそこで神様は、真ん中に引き戻そうとしておられるのです。

敵対する者とのかかわり

さて四～五節では、こう述べられます。

「もし、あなたの敵の牛、あるいはろばが迷っているのに出会ったならば、必ずその人のもとに返さなければならない。もし、あなたを憎む者のろばが荷物の下に倒れているのを見たならば、放置しておいてはならない。必ずその人と一緒に起こしてやらなければならない。」（二三・四～五）

神は真実な方です。誰かが困っていたら、それがたとえ敵であっても助けるように、と命じられる。「いい気味だ」「自業自得だ」と思ってはならない。「あなたを憎む者のろば」というのも、興味深い言い方です。自分が敵と思っていなくても、相手から憎まれることもあります。逆恨みもあるでしょう。そうした時でさえ、その人を助けてあげよ、というのです。

イエス・キリストは、こう言われました。

「あなたが祭壇に供え物を献げようとし、きょうだいが自分に恨みを抱いていることとをそこで思い出したなら、その供え物を祭壇の前に置き、まず行って、きょうだいと仲直りをし、それから帰って来て、供え物を献げなさい。」

（マタイ五・二三～二四）

この場合も、自分が反感をもっていなくても、誰かが自分に反感をもっているのに気づいたら、まずそれを解決し、それから神様に供え物をせよ、というのです。私たちは、今日の社会において、いかに平和を築いていくか。小さなグループにおいて、家族において、会社において、時に教会・教団において、そこでまず、相手の立場に立つことが求められているのです。

安息年と安息日

その後の三つは、祭儀や暦に関することです。最初に安息年。（安息年についてはレビ記二五章でも詳しく述べられます。）

「六年間は地に種を蒔き、その産物を収穫しなさい。しかし七年目には地を休ませ、そのままにしておきなさい。そうすれば、あなたの民の貧しい者が食べ、その残りを野の獣が食べることができる。ぶどう畑もオリーブ畑も、同じようにしなければならない。」
（二三・一〇〜一一）

これは、今日のサバーティカルの原型です。サバーティカルというのは、主に大学の先生が六年働いたら一年間（あるいは半年）与えられる研究休暇のことですが、そうした知的な働きをする人以上に、肉体労働者にこそサバーティカルは必要であるように思います。同時に、土地も動物も休ませなければならない。そしてその年にこそ、歪みを補正する。これは、実際に行われたかどうかは不明ですが、そこにある精神は、「すべての人が休む必要がある。時に大きな休みをいただいて、リフレッシュしなければならない」ということ、「立場の弱い人であればあるほど、それが必要だ」ということです。

さらにこの背景には、土地は、神からイスラエルに貸し出されたものであり、本来は神のものである、という考え方があります。農業を営む上でも、土地を休ませることは有益であるようです。

その後は、安息日です。これについては、これまで何度も触れました（6 安息 六九頁以下参照）。六日働いたら一日休む。自分が休むと同時に、自分のところで働いている人

出エジプト記23:4－5、20－22

たち、家畜たちを休ませなければなりません。

祭りについて

その次は、イスラエルのお祭りについてです。「除酵祭」、「刈り入れの祭り」、「取り入れ祭り」という三大祭り。

除酵祭というのは、四月下旬から五月初旬、春の大麦の刈り入れの始めを画するものでありました。刈り入れの祭りは、六月の穀物の収穫の完了を祝うものでした。ペンテコステは、ここに由来しています。三つ目の取り入れの祭りは、ユダヤ暦の年の終わり（今の九月頃）に、ぶどうとオリーブの季節が終わった時期に行われました。

こうした祭りも、神様のもとに立ち帰って行くということと同時に、休みを与え、気持ちをリフレッシュさせるということがあったでしょう。

年に三回と言えば、ブラジルでも、六月のフェスタジュニーナ（六月祭）、一二月のクリスマス、二、三月のカーニヴァルという三つの大きなお祭りがあります。ブラジル人はお祭りが大好きで、そのために一年間働いている、という感じもしました。

キリスト教でも、イースターとペンテコステとクリスマス、という神様の御業を祝う三つのお祭りがあります。

いつも新たに、神に聞く

さて二〇節以下は、「契約の書」のエピローグ（あとがき）です。ここは、それまでのところと文体も違っています。

「私は使いをあなたの前に遣わし、あなたの旅路を守り、私が定めた所に導き入れる。あなたはその使いに注意し、その声に聞き従いなさい。決して彼に背いてはならない。彼はあなたがたの背きを赦さない。私の名が彼の中にあるからである。」
（二三・二〇〜二一）

「使い」、「彼」というのが、一体誰のことなのか、何を指しているのかよくわからないのですが、何らかの天使のような存在かと思います。モーセ自身という理解もありますが、そう限定する必要はないでしょう。神様が必ず、そういう使いをあなたの前においで、あなたを守り導いてくださる。

出エジプト記23:4－5、20－22

実際に十戒の具体的適用法がここに収められると言っても、私たちが直面する現実はもっともっと複雑です。その都度その都度、具体的判断が問われる。一体、どうすればよいのか。祈りをもって、「神様は今、私をどういうふうにするようにと導いておられるのか」ということを、謙虚に、柔軟に、聞いていかなければなりません。

私たちには、モーセの時代の人々と違って、イエス・キリストという、さらに神様と直結した方がクリスマスの日に与えられました。「山上の変容」と呼ばれる物語において、イエス・キリストを指して、「これは私の愛する子、私の心に適う者。これに聞け」（マタイ一七・五）という声が雲の中から聞こえてきました。旧約聖書のさまざまな掟、律法を読む時も、私たちはイエス・キリストというレンズを通して見る時に、枝葉末節ではなく、その本来的な精神に立ち帰らされていきます。

聖書の言葉というのは、いかようにも解釈できる。自分に都合のいいように解釈しようと思えば、できなくもない。「神様は果たして、今、私に何を求めておられるのか。」そこで聞こえてくる声は、時に自分の利害に反するものであり、自分が歩みたくないと思う方向のものであるかもしれません。しかしその声を素直に聞き、その声と対話していくことによって、私たちの進むべき道が示されていくのではないでしょうか。

敵を恐れさせる力

この神の使いを「聖霊」と考えてもよいかと思います。聖霊がいつも私と共にあり、私の前にあって、私を導いてくださる。

「私は、私への恐れをあなたの先に送り、あなたが入っていく先のすべての敵を混乱させ、あなたの敵をすべて混乱させる。」（二三・二七）

この「恐れ」というのは、私たちが恐れるものではなくて、私たちに敵対する者を恐れさせるものです。それは、私たちの前に立ちはだかるもの、例えば死や病気、あるいは憎しみ、というものも含んでくるでしょう。しかし、この方が共にいてくださるならば、恐れることはないのです（詩編二三・四参照）。

私たちは誰かに、何か悪いことをされる時にも、自分で復讐するのではなく、正義と公平の神様を信じて、むしろお互いに平和を築いていくことにこそ、心を用いていくべきではないでしょうか。パウロは、その精神を引き継いで、テサロニケの信徒への手紙の中で、こう述べています。

「きょうだいたち、あなたがたにお願いします。……互いに平和に過ごしなさい。きょうだいたち、あなたがたに勧めます。秩序を乱す者を戒めなさい。気落ちしている者を励ましなさい。弱い者を助けなさい。すべての人に対して寛大でありなさい。誰も、悪をもって悪に報いることのないように気をつけなさい。互いに、またすべての人に対して、いつも善を行うよう努めなさい。」

（テサロニケ一　五・一二～一五）

私たちのゆく手に主が先立っておられる。この神の使いを前に見て、歌いつつ、祈りつつ、歩んでまいりましょう。

（二〇二三年一二月一〇日）

16 不 在

出エジプト記二四章一～一八節
ヨハネによる福音書一六章一五～七節

契約の締結

本日は出エジプト記二四章から御言葉を聞いてまいりましょう。二四章の一二節以下で、モーセが一時、民のもとを離れたことが記されています。

「そこで、モーセとその従者ヨシュアは立ち上がり、モーセは神の山に登った。モーセは長老たちに言った。『私たちがあなたがたのところに帰るまで、この場所で待ちなさい。……』そこで、モーセは雲の中に入り、山に登った。モーセは四十日四十夜山にいた。」（二四・一三～一四、一八）

モーセが不在になった後、民は不安になります。しかし不在には不在の意味があります。モーセが新しくされて帰ってくるために、それは必要な期間でありました。

使徒言行録によれば、イエス・キリストも、復活された後、四〇日地上で過ごされ、天に昇って行かれました。（使徒一・三～一一参照）。そしてその一〇日後に、聖霊として帰ってこられますので、この一〇日間は、イエス・キリストの不在期間であったと言えるかもしれません。そこにも意味があります。このことについては、後でもう一度触れます。

さてこの二四章は、「契約が結ばれる」と題されています。神様がモーセに現れて、十戒を与えられ（二〇・一～一七）、さらに契約の書を与えられる（二〇・二二～二三・三三）。この二つの大事なものを与えられた締めくくりの話です。

契約付与の話は一九章から始まっていましたが、最初の部分で、モーセが「民の長老たちを呼び寄せ、主が命じられたこれらの言葉をすべて彼らの前で語った」（一九・七）こと、それに対し、民は口をそろえて、「私たちは、主が語られたことをすべて行います」（一九・八）と応答したことが記されていました。この応答とほぼ同じ言葉が、締めくくりの二四章にも出てきます。

「さて、モーセは戻って来て、主のすべての言葉とすべての法を民に語り聞かせた。民は皆声を一つにして、『主が語られた言葉をすべて行います』と答えた。」

（二四・三）

ここに神と民の契約が成立します。

「そこで、モーセは血を取り、民の上に振りかけて言った。『これは、主がこのすべての言葉に基づいてあなたがたと結ばれる契約の血である』」（二四・八）。

しかしこの民の応答は、イスラエルの歴史において、それを否定する結果になっていきます。そのために神様は裁きを下して、やがて大きな決断をして、神の民のために新たな契約を備えられることになるのです（本書一七頁およびエレミヤ三一・三一～三三参照）。

アロン、ナダブ、アビフ

「あなたはアロン、ナダブとアビフ、およびイスラエルの七十人の長老たちと共に主のもとに登り、遠くからひれ伏しなさい。モーセだけは主に近づくことができるが、他の者は近づいてはならない。民はモーセと共に登ってもいけない。」（二四・一～二）

ナダブ、アビフというのはアロンの息子、長男と次男です。この二人は、神様の御心に背いたということで、若くして神様がその命を取られることになります（レビ記一〇・一～二）。ナダブ、アビフには、エルアザルとイタマルという弟たちがいるのですが、この二人は、アロンの継承者として生き延びて、祭司の家系を作っていくことになります（レビ記一〇章参照）。出エジプト記二四章の段階では、この弟たちはまだ幼かったのか、生まれていなかったのか、ここには登場しません。

モーセは、アロン、ナダブ、アビフおよびイスラエルの七〇人の長老を連れて、主のもとに行くのですが、モーセ以外の人々は、「遠くからひれ伏しなさい」とあります。神様は聖（きよ）いお方なので、汚れた者が近寄ると必ず死ぬというふうに言われていました。それゆえモーセだけが近づいていくのです。

彼らがよい返事をした後で、「モーセは主の言葉をすべて書き記し、朝早く起きて、山の麓に祭壇を築き、イスラエルの十二の部族にちなんで十二の石柱を立て」ました（二四・四）。一二というのは特別な数字でした。そこに全イスラエルの代表がいるということの象徴であったのでしょう。

「モーセはイスラエルの人々のうちから若者たちを遣わした。彼らは数頭の雄牛を焼き尽くすいけにえと会食のいけにえとして主に献げた。」（二四・五）

聖い神様の前に出るのに、献げ物をしなければならない。動物のいけにえ、その血によって清めていただく。まだ祭司制度が整っていませんので、若者たちがそのために遣わされたのです。

聖餐式の予型

この後、まずその血を二つに分けます。そして半分を鉢に入れて、残り半分を祭壇に振りかけるのです。半分が民の側にあり、半分が神様の側にあって、それによって契約が交わされているということでしょう。そしてモーセは「契約の書」を取って、一つ一つ声に出して読んで聞かせました。人々が「すべて行い、聞き従います」と声に出して、誓いの言葉を述べると、モーセは半分の鉢のほうの血を取って民に振りかけ、こう宣言するのです。「これは、主がこのすべての言葉に基づいてあなたがたと結ばれる契約の血である」（二四・八）。

これはイエス・キリストの聖餐式の予型と言えるのではないでしょうか。

「この杯は、私の血による新しい契約である。飲む度に、私の記念としてこれを行いなさい。」（コリント一 一一・二五）

イエス・キリストは、それまでの契約とは違う「新しい契約」を立てると言われましたが、それは、イエス・キリストご自身の血（犠牲）によって、なされなければなりませんでした。その前提となっている、そもそもの古い契約が、今日の箇所に記されているのです。

「イスラエルの神を仰ぎ見た。その足の下にはラピスラズリの敷石のようなものがあり、澄み渡る天空のようであった。」（二四・一〇）

ラピスラズリは、青く、透明な、澄んだ宝石です。それは大空の色を指し示すものです。その足の下に、このラピスラズリがいっぱいあったと言うのです。

「神はイスラエルの人々の指導者たちを手にかけなかったので、彼らは神を見つめて、食べ、また飲むことができた。」(二四・一一)

これは不思議な光景です。こういう形、つまり神様を見つめて食事をし、飲んで、しかも死ななかったというのは、旧約聖書でここだけに記されていることです。神様が手にかけなかったというのは、彼らがそれによって死ななかったということを意味していますす。神様が共におられるところで飲み食いをする。これもまたイエス・キリストによって制定される聖餐式の予型と言えるのではないでしょうか。

石の板に刻まれた

モーセは、その後、再び神様の声を聞き、山に登っていきます。

「山に登り、私のもとに来て、そこにいなさい。私は彼らに教えるために、律法と

戒めを書き記した石の板をあなたに授ける。」（二四・一二）

いよいよ十戒が刻まれた石の板を授かるのです。モーセは後に後継者となっていくヨシュアと共に山へ登って行くのですが、長老たちにこう言いました。

「私たちがあなたがたのところに帰るまで、この場所で待ちなさい。ここに、アロンとフルがあなたがたと共にいる。」（二四・一四）

アロンは、モーセの兄弟です。フルについては、よくわからないのですが、モーセの姉ミリアムの夫ではないかと言われます（出エジプト記一七・一二およびヨセフス『ユダヤ古代誌』）。

モーセの不在

モーセは、山に登って行って、そのまま帰ってこなかったというのではありません。この後、新しい形で、神様の言葉をしっかりと携えて、神様と人間の仲保者として立てられたことを、身に帯びて帰ってきます。いわば民の中に帰ってくるために、しばしの間、不在となったということができるでしょう。

しかしそのモーセの不在期間に一体何が起こったかを、やがて見ていくことになります（19 対峙 二三三頁参照）。モーセがいない間に、だんだん神様のことがわからなくなってくる。神様が共におられるということが信じられなくなってくる。そしてアロンに頼んで、「金の子牛を造ってくれ」と言うようになるのです。偶像です。神様が共におられることがわからなくなる時に、私たちは別のものに頼りたくなります。そうした人間の弱い思いをよく表す出来事であると思います。

かすかにささやく声

神がモーセに呼びかけられた時、雲が山を覆い、雲の中から語りかけられました（二四・一五～一六）。二〇章一八節のところでは、雷鳴と稲妻をもって、大きな音で、山が煙に包まれたことが記されていました。ただし、聖書は、もう一つ、神様の印象深い現れ方を記しています。それは預言者エリヤに現れた時でした。

「主は言われた。『出て来て、この山中で主の前に立ちなさい。』主が通り過ぎて行かれると、主の前で非常に激しい風が山を裂き、岩を砕いた。」

（列王記上一九・一一a）

ちょうどモーセがシナイ山で経験したような情景です。

「しかし、その風の中に主はおられなかった。風の後に、地震があった。しかし、その地震の中に主はおられなかった。地震の後に火があった。しかし、その火の中に主はおられなかった。火の後に、かすかにささやく声があった。」

（列王記上一九・一一b～一二）

エリヤは、風や地震や火の中においてではなく、それらの後に「かすかにささやく声」において、主の言葉を聞いたのでした。エリヤはその声を聞くと、外套で顔を覆って、洞穴の入り口に立つのです。

私たちに対して、神様はどういうふうに語りかけられるのでしょうか。私たちは、イエス・キリストという確かな仲保者をいただいています。そしてそのイエス・キリストの言葉と業を記した聖書をいただいています。様々な形があるでしょうが、その聖書を通して、神様は私たちに語りかけ、導いてくださるのではないでしょうか。

私たちは教会の中に招かれています。聖書の言葉は個人個人として聞くものであると同時に、教会として共に聞き、共に守っていく神の言葉でもあります。そこで、この教会が神様の御旨にふさわしく立てるかどうかが問われるのです。神様の示される道がどこにあるのか、それはかすかにささやくような声かもしれませんが、その声を聞きもらさないようにしたいと思います。

いつも共にいるために

神様は神の民が不信仰に陥って、そこから去ってしまう時にも、決して見捨てられず、神の民であり続けるために、直接、心にその律法を記すと約束されました。それはイエス・キリストという形で実現したと、私たちクリスチャンは信じるのです。

イエス・キリストは、三〇年間、この地上に、「神が私たちと共におられる」ことを伝えるために、人間となって共に過ごされました。十字架にかかり、死に、そして復活され、さらに四〇日の間、復活した体で、この地上で過ごされました。

しかし肉体をもっていれば、ある場所と時間の中に限定されています。私たちのように遠い日本の、しかも二〇〇〇年の後に生きている者と共にいることはできません。

イエス・キリストが来られたのは、「神が私たちと共におられる」という約束が実現するためでしたが、それが普遍的に妥当するために、「昇天」という出来事は起こらなければならなかったのです。天に昇って、聖霊という新しい形で、いつでもどこでも私たちと共にいてくださる神様として、新たに降（くだ）られるのです。

今日は、ヨハネ福音書一六章の言葉を読んでいただきました。

「実を言うと、私が去って行くのは、あなたがたのためになる。私が去って行かなければ、弁護者はあなたがたのところに来ないからである。私が行けば、弁護者をあなたがたのところに送る。」

（ヨハネ一六・七）

肉体をもったイエス・キリストが去って行くことによって、肉体から自由になった、聖霊という弁護者があなたがたのところへ帰って来る、と約束されたのです。

「私は、あなたがたをみなしごにはしておかない。あなたがたのところに戻って来る。」

（ヨハネ一四・一八）

イエス・キリストの力強い約束です。イエス・キリストが聖霊として共にいてくださる。しかしながら、その聖霊は目に見えないものですから、私たちは、あのモーセの時代の神の民と同じように、「神様は、本当に私と一緒にいてくださるのだろうか」と、不安になることもあるでしょう。どんなに強い信仰をもっていても試練が来た時に、そういう気持ちになるものです。しかしながら、「イエス・キリストは再び帰って来られる」という約束の中で、信仰はより確かな希望に変えられていくのではないでしょうか。もう一度、目に見える形で、私たちの世界に来られる。私たちはその日を待ち望みながら、今、聖霊が共にいてくださることを覚えつつ、それぞれに与えられている歩みを全うしたいものです。

（二〇二四年一月一四日）

17 幕屋

出エジプト記二五章一〜二二節
ヘブライ人への手紙九章一〜一二節

私は彼らの中に住む

出エジプト記は、二五章から三一章まで七章にわたって、細かい幕屋建設の指示について述べています。今回は、その最初の二五章と二六章を見ていきましょう。最初に、神様はモーセにこう言われました。

「彼らが私のために聖所を造るなら、私は彼らの中に住む。」（二五・八）

これは神様の大きな約束であると言ってもよいでしょう。そして命じられます。

「あなたに示す幕屋の型、およびさまざまな祭具の型のように、あなたがたは造らなければならない。」（二五・九）

二五章では幕屋に納められる祭具の製作について、続く二六章では幕屋そのものの製作についての指示がなされます。新共同訳聖書では、以下のような分かりやすい小見出しが付いていました。まず二五章。「箱」（二五・一〇～二二）、「机」（二五・二三～三〇）、「燭台」（二五・三一～四〇）。

これまで出エジプトの民を導く神様の存在は、雲の柱と火の柱によって象徴されていましたが、ここから先、荒れ野における神様の導きを示すものは、この「幕屋」、そしてその中心にある「箱」となるのです。

箱

「箱」というのは、今後、「契約の箱」、「神の箱」、「主の箱」、「律法の箱」などさまざまな呼ばれ方をします。

ここから細かい指示が続きます。それらをすべて見ていくことはできませんが、始まりの部分は、一例として見ておきましょう。

「アカシヤ材で箱を作らなければならない。その長さは二アンマ半。幅は一アンマ半、高さは一アンマ半である」(二五・一〇)。一アンマというのは、ひじから中指までの長さです。聖書巻末の度量衡換算表によりますと、約四五センチ。これで換算しますと、この箱の大きさは、長さ一一二・五センチ、幅と高さが六七・五センチとなります。

「その内側も外側も純金で覆い、周囲に金の縁飾りを付けなさい。その箱のために金の輪を四つ鋳造し、箱の四本の脚に付けなさい。すなわち、一方の側に二つの輪を、また、もう一方の側にも二つの輪を付けなさい。それからアカシヤ材で棒を作って、金で覆い、箱を担げるように、その棒を箱の両側の輪に通しなさい。その棒は箱の輪に通したままにし、外してはならない。あなたはその箱に、私が与える証しの板を納めなさい。」

(二五・一一～一六)

イスラエルの民が移動する時には、この箱をおみこしのように担いでいきました。やがて十戒の板がこの中に納められることになります。

その次は、「贖いの座」です。贖いの座は、先ほどの箱の上面と同じ大きさです(二五・一七）。それが箱の蓋になるのです。そしてケルビム。ケルビムというのは、手足と翼をもつ天的な存在、人間の理性と動物の威力をもつと考えられていました。

「そして打ち出し細工で、贖いの座の両端に二つの金のケルビムを作りなさい。……ケルビムは両翼を上に広げ、その両翼で贖いの座を覆い、互いに向かい合って、ケルビムの顔は贖いの座に向いているようにしなさい。あなたは贖いの座を箱の上に置き、箱の中に私が与える証しの板を納めなさい。」（二五・一八～二一）

これで箱と贖いの座のスケッチができあがりました。今日であれば、設計図で示すであろうものを、全部言葉で書いている。よくここまで細かく指示したなと思います。そして最も大事な言葉が記されます。

「私はそこであなたに臨み、贖いの座、すなわち証しの箱の上にある二つのケルビムの間から、イスラエルの人々のために命じるすべてのことをあなたに語る。」（二五・二二）

つまりここが、神様の現臨の場所、地上で存在を示す場所となるのです。目に見えない神の、目に見える現臨のしるしです。

「机」と「燭台」のスケッチ

この後、さらに二つの祭具を製作するよう命令されます。最初は机です。何のための机か。最後に書いてあります。

「私の前に置く台の上に、常に供えのパンがあるようにしなさい。」（二五・三〇）

供えのパンのための机です。今日の私たちからすれば、献金卓のようなものでしょうか。あるいはパンということ、神様が食事をなさる場所ということから言えば、聖餐卓にむしろ近いかもしれません。

その次は燭台です。純金で作られる。重さは一キカルの純金とあります。これも度量衡換算表では、一キカルは三四・二キロということですから、かなり重いものです。

この燭台はその後もしばしば登場します。皆さんもどこかでその絵をご覧になったことがあるのではないでしょうか。真ん中に一本の柱があって、その両方に三本ずつ腕のように支柱が出ている。そしてそこからアーモンドの花の形をした萼と花弁が出ているものです。輝くともし火は、神の守りのしるしでありました。

ちなみに新約聖書のヨハネの黙示録に、次のような言葉があります。

「私は、語りかける声の主を見ようと振り向いた。振り向くと、七つの金の燭台が見え、燭台の間には人の子のような方がおり、足元まで届く衣を着て、胸には金の帯を締めていた。」

（黙示録一・一二～一三）

燭台は神様の現臨を示すものであり、その間にキリストがおられたのです。

旅の途上の幕屋建設

続く二六章では、幕屋そのものの製作の指示がなされます。これが実際になされたのだとすれば、大変なことであったでしょう。彼らはまだエジプトから脱出して、約束の地カナンへ入る旅の途上にありましたので、あくまで仮のものです。仮のものにしては随分大掛かりですが、彼らはこの後、移動の度にそれをたたみ、滞在する場所が決まったら、この幕屋を組み立てることになります。大変な作業ですが、彼らにとっては最も重要なことでありました。幕屋は、そこに神が住まわれる、神が自分たちの旅と共にあるということを、目で見える形で示すものでありました。

ブラジルを初め、ラテンアメリカの町々を見てみますと、町の構造がよく似ています。町の一番中心に教会があるのです。そこから放射状に町ができています。移住者たちは、何を建てるよりも前に、まず教会を建て、そこから町の建設をしたのだということがよくわかります。

さて一～六節では、まず「幕屋を覆う幕」の製作について語られています。「幕屋」というのは、（そこに神様が）宿られる場所というような意味です。

一節。「幕屋を十枚の幕で造りなさい。上質の亜麻のより糸、青や紫、また深紅の糸を使って、意匠を凝らしてケルビムを織り出しなさい」（二六・一）。

この「幕」というのは英語ではカーテン、あるいはタペストリーです。そのほうがわかりやすいかもしれません。

その後に、サイズと組み合わせ方が記されています。長さ二八アンマに、幅は四アンマ。一アンマ＝四五センチで換算すると、長さが一二・六メートル、幅が一・八メートルです。それを五枚つづり合わせるので、幅は九メートルになります。随分、大きな「幕」です。それをまた輪（リング）で全体をつないでいくのです。生地は亜麻布です。それに意匠家（デザイナー）がケルビムの絵を描くことになります。

七節以下にあるのは、さらにそれを覆う天幕を作るということです。この「天幕」というのは英語ではテント です。こちらは山羊の毛で作ります。

一五節以下は、その骨組みとなる横木と壁板の製作です。全体の大きさを計算してみますと、この幕屋は長方形ですが、南北の長辺が三〇アンマ（一三・五メートル）、東西の短辺が九アンマ（四・五メートル）、高さが一〇アンマ＋台座の高さということで、約五メートルです。大きなものです。移動の度に、これをたたみ、また組み立てることになるのです。

至聖所を隔てる幕

そしていよいよ至聖所の確保です。この至聖所には、先ほど述べた十戒の板を納めた「箱」が安置されました。それを仕切る垂れ幕がある。カーテンです。垂れ幕そのものは、最初のものと同じようですが（二六・一）、それをかける四本の柱は金箔で覆われており、フックも特別なものです。

最後の三六節以下で、「天幕の入り口の幕」についての指示が述べられます。この天幕は、幕屋の外の庭を含めた大きな敷地全体を確保するものです。この庭はまだ野外です。そこで焼き尽くす献げ物をしたりして中に入っていくことになります。

全体のイメージとしては、三重構造になっている。まず大きな天幕で仕切られた全体の敷地があります。その中に幕屋があります。その幕屋の中が聖所ですが、その奥に、さらに聖なる至聖所がある、というふうにお考えください。

信仰の原点に立ち帰る

さて、聞いているだけでも頭が痛くなりそうな設計の指示ですが、私たちは、この幕屋建設の指示から何を聞き取っていくことができるでしょうか。

まず神様がこのような幕屋建設を命令されたこと、そしてそれに従っていこうとする神の民の信仰というものに心を留めたいと思います。二六章三〇節にこういう言葉があります。

「このように、あなたが山で示された設計に従って幕屋を建てなさい。」（二六・三〇）

二五章で指示された祭具の製作も大変だったでしょうが、幕屋製作は、規模が大きいだけに、もっと大変です。彼らには、不可能な命令のように思えたのではないでしょうか。そもそも彼らはまだ移動中です。「そんなことができるわけがない」とため息が出たことでしょう。しかし出エジプト記三五章以下において、この幕屋建設が粛々と実行されていったことが記されています。

神によってまず幻が与えられ、その幻を実現していく。そうした中で、逆に信仰が強められ、結束が強められていったのではないでしょうか。

この記述が記されたのは、実はずっと後の時代であると言われます。恐らく紀元前六世紀頃、バビロン捕囚の時代です。すでに幕屋の時代から、ソロモン王以降は神殿の時代になり、「箱」は、そのエルサレム神殿に安置されました。しかしそのエルサレムもバビロニア帝国によって滅ぼされ、神殿も破壊され、主だった民はバビロンの地で捕囚の民となっていました。そのような中で、これが記されたと言われています。

幻が与えられ、それが実現し、さらに神殿となり、神の栄光が示された。しかしその栄光も過去のものとなってしまった。どん底の状態です。彼らはそこでもう一度、信仰の原点に立ち帰るべく、神が共にいてくださるという約束を思い起こすようにして、この幕屋建設の細かい指示を書き記していったのではないでしょうか。

私は、この細かい記述の中に、彼らの執念のような約束へのこだわり、いやそこにこそ彼らの信仰を見る思いがいたします。そして何度、どん底を経験しようとも、神の約束は反故（ほご）にされることなく、神様は神の民と共にいてくださるという約束を新たにしていかれたのです。

ヘブライ人への手紙による説明

その神の民への約束は、キリスト教の理解では、やがて神の子イエス・キリストの派遣という、より深い形、より広い形で引き継がれることになります。そのことについて詳しく述べているのが、先ほどお読みいただいたヘブライ人への手紙九章です。

ここで著者は、幕屋の状況について、わかりやすくまとめてスケッチしています。

「ところで、最初の契約にも、礼拝の規定と地上の聖所とがありました。すなわち、第一の幕屋が設けられ、そこには燭台、台、供え物のパンがありました。この幕屋が聖所と呼ばれるものです。」
（ヘブライ九・一～二）

これは、出エジプト記二五章に記されていたことです。

「また、第二の垂れ幕の後ろには、至聖所と呼ばれる幕屋がありました。そこには、香をたく金の祭壇と全面を金で覆われた、契約の箱があり、その中にはマナの入った金の壺、芽を出したアロンの杖（民数記一七・二三）、契約の石板がありました。また、箱の上では、栄光のケルビムが贖いの座を覆っていました。」
（ヘブライ九・三～五）

そしておもしろいことに、「これらについて、今は一つ一つ述べることはできません」（ヘブライ九・五）と言うのです。私たちも同じ思いがいたします。その先において著者が言おうとしていることは、「恵みの大祭司」であるイエス・キリストの登場によって、それまでのような幕屋、聖所、至聖所、そして雄牛や雄山羊の供え物は必要なくなったのだということです。

「キリストは、すでに実現している恵みの大祭司として来られました。人の手で造られたのではない、すなわち、この世のものではない、もっと大きく、もっと完全な幕屋を通り、雄山羊や若い雄牛の血によってではなく、ご自身の血によってただ一度聖所に入り、永遠の贖いを成し遂げられたのです。」（ヘブライ九・一一～一二）

私たちは、幕屋の設計や建設の物語を読みながら、神の民が神様とお会いするため、罪を赦していただくために、どれほど心を注ぎ、力を費やしてきたかを、改めて心に刻みたいと思います。そして、同時にイエス・キリストがそれらすべてを超えるお方として来てくださったことを安易にではなく、畏れと感謝をもって受け止めて、それに応えて生きる者となりたいと思います。

（二〇二四年二月一一日）

18 召　集

出エジプト記三一章一～一一節
マルコによる福音書三章一三～一九節

祭壇、幕屋の庭、灯

前回は、二五章と二六章に記されている幕屋に納められる祭具の製作の指示と、幕屋建設の指示の箇所を読みました。なかなか読みづらい部分でした。こうした文言が三一章まで続きます。あまりにも煩雑な言葉が続きますので、今回は、思い切って二七章から三一章をまとめて扱うこととし、三一章を中心にお話しすることとしました。

最初にざっと、二七章から三〇章には何が書いてあるかということを述べておきましょう。まず二七章ですが、以前の新共同訳聖書では一～八節に「祭壇」、九～一九節に「幕屋を囲む庭」、二〇～二一節に「常夜灯」という小見出しが掲げられていました。新しい聖書協会共同訳では、表題は付いていませんが、「幕屋を囲む庭」は「幕屋の庭」、そして「常夜灯」は単純に「灯」という言葉になっています。「祭壇」というのは、犠牲のいけにえを焼くための祭壇です。この記述によれば木製です。木製の祭壇では、たとえ青銅の板で上張りしたり、中を空洞部分にして土や石を詰めたりしたとしても、実際に機能したのかどうかはやや疑問があります。

「幕屋の庭」というのは、幕屋を中心にした敷地全体のスペースです。奥行きが一〇〇アンマ（四五メートル）、幅が五〇アンマ（二二・五メートル）、かなり広いスペースであることがわかります。

そして「灯」製作の指示。これは、幕屋の中で聖所と至聖所を隔てる幕の手前に置かれたようです。夕暮れから明け方まで灯し続けることになります。

祭司とその衣服、持ち物

二八章は、幕屋に仕える祭司の衣服と持ち物についての記述です。二七章までは建物や祭具についてでしたが、ここで初めて人や人にかかわるものについて述べられることになります。

モーセの兄アロンのためには、大祭司としての職務にふさわしい祭服を製作するよう、指示がなされます。指示される衣類は、胸当て、エフォド、長衣、格子縞の短衣、ターバン、飾り帯です（二八・四参照）。

エフォドというのは、聞き慣れない言葉ですが、聖書巻末の用語解説（二四頁）によれば、「大祭司が着用する祭儀用の華麗な衣服」です。二八章六〜七節で「金や青、また、紫や深紅の糸、上質の亜麻のより糸で意匠を凝らしてエフォドを作る。その両端に二本の肩ひもを結び付ける」と説明がなされています。

「アロンの子らのための祭服」についても述べられます（二八・四〇以下）。彼らが職務に就く時には、「罪を負って死ぬことのないように」聖別するための指示がなされました。また四三節で、「これは、彼と後に続く子孫にとって、とこしえの掟である」と述べられていることから世襲制として考えられていたことがわかります。

二九章では、「祭司聖別の儀式」（二九・一〜三七）と「日ごとの献げもの（焼き尽くすいけにえ）」（二九・三八〜四六）について述べられますが、最後に大事な言葉が語られます。

「私はイスラエルの人々のうちに住み、彼らの神となる。彼らは、私が主、彼らの神であり、彼らをエジプトの地から導き出し、彼らのうちに住まう者であることを

知るようになる。私は主、彼らの神である。」（二九・四五～四六）

この神様の約束が真実であり続けるために、これらの面倒な指示がなされていると言ってもよいでしょう。

続く三〇章には、二九章の祭司聖別の儀式を踏まえて、実際に儀式に使うものを揃えることが指示されます。新共同訳聖書では、一～一〇節は「香をたく祭壇」、一一～一六節は「命の代償」、一七～二一節は「手足を清める」。二二～三三節では「聖別の油」という小見出しが付いていました。

形にするのは難しい

そこでいよいよ三一章ですが、新共同訳聖書では、ここに「技術者の任命」という小見出しが付けられていました。神様はモーセに向かって、これまでこまごまと、そして延々と、幕屋とその中の祭具の製作を命じられました（二六章～三〇章）。三一章七節以下に、何を製作するかがまとめて記されていますので、整理確認の意味で、改めて読んでみましょう。

「彼らは、会見の幕屋、証しの箱、その上にある贖いの座、天幕のすべての祭具、台とその祭具、純金の燭台とそのすべての祭具、香をたく祭壇、焼き尽くすいけにえの祭壇とそのすべての祭具、洗盤とその脚、上質の織物の服、すなわち、祭司アロンのための祭服、そして祭司として仕える彼の子らの服、注ぎの油、聖所でたくためのかぐわしい香を、すべて私があなたに命じたとおりに作らなければならない。」
（三一・七〜一一）

これらの製作が命じられたのでした。しかしいかがでしょうか。いくら細かい指示があるとはいえ、それを形にするのはそう簡単ではありません。設計図と実物とは違います。しかもこの場合は図面ではなく言葉ですから、細かく指示しても書ききれない。ケルビムの像を作ると言っても、絵に描いたスケッチすらありません。たちまち途方に暮れてしまいます。誰かが描かなければならない。

聖所でたくためのかぐわしい香を作ると言っても、何を材料にどんな香を作るのか。神様はどんな香を喜ばれるのか。匂いを作り出すこと。これも広い意味で芸術家の仕事でしょう。しかし勝手にやっていいものかどうか。許される幅があり、その幅の中でいかによいものを作るか。それこそ技術者と芸術家の腕の見せどころであると言えるかもしれません。

神様の命令された幕屋とその祭具などを具体的に形にしていくためには、お金も必要ですし、力も必要ですし、知恵も必要です。費用については、三五章で述べられることになりますが、何よりもそれを実現に移すための知恵、そして指揮官が必要です。また芸術家が必要です。技術者も必要です。タレントが必要なのです。

技術者・芸術家の任命

しかし、そうした事態、これを形にするのは容易ではないことも、神様はちゃんと想定しておられます。それでこそ、この三一章の命令があるのです。

「主はモーセに告げられた。『見よ、私はユダの部族のフルの子ウリの子ベツァルエルを指名し、彼を神の霊で満たし、知恵と英知と知識とあらゆる巧みな技を授けた。それは、金、銀、青銅に意匠を凝らして細工し、宝石を彫ってはめ込み、また、木を彫るなど、あらゆる仕事をさせるためである。』」（三一・一～五）。

神様がそれを実現するのに必要な人材をきちんと立ててくださる。そしてその人を神の霊で満たされる。神様がインスピレーションを与えられるということです。どのような工芸にも、知恵と英知と知識をもたせてくださる。
『岩波版旧約聖書』の訳者、木幡藤子氏は、その注において、「旧約聖書における知恵（ホフマー）は、単に知識や思考力といった知的能力だけではなく、実践的・実際的な問題解決能力や、さらには職業上の手腕や技術的熟達度をも意味しうる」と述べています。この「問題解決能力」というのが大事です。机上の理論では役に立たない。臨機応変に対応していかなければならないこともあるでしょう。さらに神様は、ベツァルエルだけでは実現が難しいであろうこともわかっておられて、助手（アシスタント）まで任命されるのです。

「今、私はダンの部族のアヒサマクの子オホリアブを彼と共に任命する。また、心に知恵のあるすべての者に知恵（問題解決能力です）を授けて、私があなたに命じたものをすべて作らせる。」（三一・六）

いかがでしょうか。神様はただヴィジョンを与えて、「それを実現せよ」と命令されるのではなく、それを実現できるように、働き人を召集してくださるのです。このところで幕屋建設そのものが、神様の御業であるということが、明らかになっているのではないでしょうか。

偶像製作か、宗教芸術か

ここには、宗教芸術、キリスト教芸術に関して、とても示唆的なことが書かれています。そもそもキリスト教芸術とは何なのか。そのようなものがありうるのか、という問いがあるでしょう。出エジプト記の中には、十戒があり、その中には、「あなたは自分のために彫像を造ってはならない」という第二戒がありました。

「あなたは自分のために彫像を造ってはならない。上は天にあるもの、下は地にあるもの、また地の下の水にあるものの、いかなる形も造ってはならない」（二〇・四）。この戒めと「ケルビム（の像）を造りなさい」という戒めは矛盾しないのか。

渡辺総一「美術を通しての創造」

日本のキリスト教美術を代表する芸術家に渡辺総一という人がいます。渡辺さんもこの問題で若い頃悩まれたようです。渡辺さんは、『礼拝と音楽』一三一号（二〇〇六年）に、「美術を通しての創造」という論文を寄せ、その中でこう述べておられます。

「日本のプロテスタント教会では、キリスト教美術を礼拝堂の中に飾ることはあまりしません。その理由の一つとして、明治以来ピューリタニズムの影響のため、禁止か軽視か、視覚芸術に対して消極的になってきたことがあげられています。わたし個人も求道中の学生時代に、十戒の第二戒を知らされ、キリスト教信仰と美術は両立するのは難しいのではないか、という素朴な思いを抱かされました。

しかし、受洗後自分が美術という賜物を用いて生きることに導かれた時には、言葉や音楽と同様に、神様をほめたたえる表現の一つとして、許されているはずではないかという確信をもたされ、聖書を主題とした絵の制作を始めたのでした。……わたしは今、聖書は、神の像を造りそれを礼拝することを第二戒で禁じていても、美術を通して神様をほめたたえることを禁じてはいないように思っています。」

そして渡辺総一さんはこう続けます。

「この点について大変励まされたのは、出エジプト記にある神の幕屋づくりの指示の箇所でした。神の霊に満たされた二人の人物、ベツァルエルとその助手オホリアブに対してデザインや技術工芸を託し、礼拝のために必要な幕屋、祭壇、全ての祭具を作らせています。そのように積極的に美術をお用いになられる神様の姿勢から、キリスト教美術、教会における美術、礼拝における美術について、現代のキリスト教美術に携わるわたしたちも積極的に取り組むように促されたように思いました。」

私もその通りだと思います。神様は、人を用いて、神様をたたえるための芸術（教会堂であれ、幕屋であれ、タペストリーであれ）を造るようにと、命じておられるということです。神様は、そこで芸術家を立てられるのです。そこには画家もいれば、デザイナーもいる。作曲家もいれば、演奏家もいる。すべては、神様をほめたたえるためです。芸術家だけではありません。二九章で述べられたことで言えば、その中心的な仕事として、祭司を立て、祭司を聖別されました。今日の私たちの教会で言えば、神様は、教会を建てるために、牧師や神父を立てられる。そのためにまず働き人を、神学生として召集されるのです。

私が神学校へ入った時の最初の印象は、神様は実に多種多様な人間を、ここに集められたなということでした。背景も違えば、性格も違う。信仰の形態も違う。体育会系の人もいれば、芸術家肌の人もいます。ものすごく勉強ができる人もいます。しかしそれが一つの群れとされているという不思議な感動がありました。

イエス・キリストの弟子召集

イエス・キリストが一二人の弟子を集められた時も、多種多様な、雑多な集団でありました。熱心党員シモンと徴税人マタイが一緒にいることからして、変な集団です。なぜならば、熱心党員とは強烈なナショナリスト、反ローマの典型です。一方、徴税人とは、ローマの権力を笠に着て、税金を集めている人であり、親ローマの典型です。熱心党員からすれば、徴税人は同席していることすら汚らわしいと思ったかもしれません。何か共通の目的のために集まった有志集団ではないのです。それだけではなく、やがてイエス・キリストを裏切ることになるイスカリオテのユダもその中に入れられています。何のために集まったのか。こちら側には、共通の目的はない。ただただ、イエス・キリストが召し集められた、召集されたからです。マルコ福音書によれば、それは、「彼らを自分のそばに置くため」、「派遣して宣教させるため」、「悪霊を追い出す権能を持たせるため」ということでした。それらは、神様の側からの理由、イエス・キリストの側からの理由です。そこには人知を超えた神の配慮がありました。

私たちの宣教も、人間のヴィジョンがあって、それを実現していくということではなく、神の宣教（Missio Dei）に人間が参与していくのです。

私たち自身も、それぞれの賜物を用いて、神様の御用のために働くようにと召されていることを、心に留めましょう。大きな賜物はなくとも、誰しもそれぞれ小さな賜物をもっています。それがないというのは、自分で気づかないだけのことであると、私は思います。それを神様の栄光を表すために用いようとする時、私たちの人生は祝福されるのではないでしょうか。

（二〇二四年三月三日）

19 対峙

出エジプト記三二章一～一四節
ルカによる福音書二三章三四節

偶像を求める心

出エジプト記の二五章から三一章には、幕屋建設の細かい指示が記されていました。モーセは、これらの指示を山の上で聞いたということになっています。二四章の終わりには、こう記されていました。

「モーセは雲の中に入り、山に登った。モーセは四十日四十夜山にいた。」

（二四・一八）

しかしその間に、山の下は大変なことになっていました。イスラエルの民は、モーセがなかなか下りて来ないので、アロンのもとへ来て、こう願いました。

「さあ、私たちに先立って進む神々を私たちのために造ってください。私たちをエジプトの地から導き上った人、あのモーセがどうなったのか、分からないからです。」
（三二・一）

人間誰しも、待たされ過ぎると不安になるものです。そして目に見える、安易なものに頼ろうとします。この世の力、この世の保障に頼ろうとします。実は、それこそが偶像崇拝なのです。私たちは不安にかられて、神のみに頼ることをやめ、そこで別の力に頼って、自分を守ろうとしたり、教会を守ろうとしたりする。その時、実は知らずして偶像崇拝を始めているのです。ヘブライ人への手紙にこういう言葉があります。

「神の御心を行って約束のものを受けるためには、忍耐が必要なのです。」
（ヘブライ一〇・三六）

私たちは、そこで忍耐ができなくなって、神の約束を信じきれなくなって、手近にあるもので行動を起こそうとする。

不思議なことに、モーセの兄弟であるアロンは、この不信仰な民の願い通りに行動します。彼自身も、モーセの代わりにこの民を治めなければならないという重圧の中で、不安にかられてしまったのでしょうか。アロンは彼らにこう言いました。


「あなたがたの妻、息子、娘の金の耳輪を外し、私のところに持って来なさい。」

（三二・二）

宗教行事が不従順の手段に

彼らは、喜んでこのアロンの要請に応じます。アロンは、のみで型を彫り、その中に金を流し込んで子牛の鋳像を造りました。イスラエルの民は、歓喜いたします。


「イスラエルよ、これがあなたの神だ。これがあなたをエジプトの地から導き上ったのだ。」

（三二・四）

もうこの興奮を誰も止めることはできませんし、止めようとする人もいません。アロンはこれを見て、その前に祭壇を築きました。ちょうどその頃、モーセは山の上で、神の幕屋と祭壇を造る指示を受けていました（出エジプト記二四・一五以下参照）。何というコントラストでしょうか。

アロンは、次の朝早く起き、焼き尽くすいけにえを献げ、会食のいけにえを献げました。民は、座っては食べて飲み、立っては戯れました。そこには、神の前に静まって、神の声を聞く姿はありません。祈りはありません。自分たちが安心し、自分たちが喜び、楽しむためにやっていることなのです。神様を拝むという形を取って、自分たちに都合のいい神を作り上げる。それで安心する。ここで行われていることは、確かに宗教行事そのものです。私たちは、宗教そのものが不従順の手段になりうるということを、深く心に留めておかなければならないでしょう。

教会も同じ過ちを犯すものです。いや、私たちがしている行為の多くは、実は知らずして、神を作り上げていく行為であるかもしれません。教会が教会であり続けることは、ほとんど奇跡のような事柄です。神様のたえざる赦しと、それに立ち帰っていく悔い改めによってのみ、教会は教会であり続けることができるのだと思います。

神とモーセの真剣な問答

七節から場面は山の上に変わります。いわば、第二幕です。主なる神は、モーセに言われました。

「急いで下りなさい。あなたがエジプトの地から導き上った民は堕落してしまった。彼らは早くも私の命じた道からそれて、子牛の鋳造を造り、これにひれ伏し、いけにえを献げ、『イスラエルよ、これがあなたの神だ。これがあなたをエジプトの地から導き上ったのだ』と言っている。」

（三二・七～八）

そしてこう続けられます。

「私はこの民を見た。なんとかたくなな民だろう。私を止めてはならない。私の怒りは彼らに対して燃え、彼らを滅ぼし尽くす。しかし、私はあなたを大いなる国民とする。」

（三二・九～一〇）

神様は、イスラエルの民を滅ぼすことにしたとおっしゃる。しかしそう言いながら、何かモーセに相談をしているように聞こえます。それに対し、なんとモーセのほうが神様を説得して、思いとどまらせようとするのです。フレットハイムという注解者は、ここでのモーセの議論は、三重の構造をもっていると指摘します。第一は、神の道理に訴えるというものです。

「主よ、なぜあなたの怒りがご自分の民に燃えるのですか。大いなる力と強い手によってあなたがエジプトの地から導き出された民ではありませんか。」（三二・一一）

神様はこの民を救出したばかりです。こんなにも早く行動を翻すのは果たして賢明でしょうか。神様が決断なさる時には、必ず道理や論理を尊重し、もっと慎重であるべきではないでしょうかというのです。

第二は、神の名声に対する訴えです。

「どうしてエジプト人に、『あの神は悪意をもって彼らを導き出し、山の上で彼らを殺し、地の面から滅ぼし尽くした』と言わせてよいでしょう。」（三二・一二）

ここでイスラエルの民を滅ぼしてしまうと、エジプト人やその他の人々があなたをあざ笑うことになりますよ、ということです。

そして第三は、約束の想起です。モーセは神様に、神様ご自身がなしてくださった約束を思い起こさせようとします。

「あなたの僕であるアブラハム、イサク、イスラエルを思い起こしてください（イスラエルとはヤコブのことです）。あなたは彼らに自ら誓い、『私はあなたがたの子孫を増やして空の星のようにする……』と告げられました。」

（三二・一三）

神様に再考を促す言葉を述べるとは、なんと大胆な行為でしょう。モーセはここでイスラエルの民を擁護しようとはしていません。ひたすら神様のことで説得しようとする。ここで、モーセは神とイスラエルの民の間に立ち、民の側の代表として、神と対峙しています。すごい迫力を感じます。

神様は、モーセの言葉を受け入れて、ご自分が下す、と告げられた災いを思い直されました。これも不思議なことです。これは決してモーセが神様に勝ったということではないでしょう。神様は何か、大きな決断をしようとする時に、ひとりでしようとはせず、モーセとの関係を大切にされたということでしょう。それによってモーセのその後の行動にも責任が伴ってきます。

モーセ、山を下る

そして第三幕。モーセは、身を翻して、山を下りて行きます。手には、二枚の掟の板を持っていました。その板には、文字が刻まれていました。十戒の言葉です（三二・一六）。

これまでのところでは、モーセは、民の代表として神に向き合っていましたが、ここでは、神の代弁者として民に向き合っています。これまでは祭司として神と民の間に立っていましたが、ここでは預言者として神と民の間に立っています。

そして彼らが造った子牛の像を取って火で焼き、それを粉々に砕いて水の上に撒き散らし、イスラエルの人々に飲ませた、とあります。非常に激しい情景です。そして兄弟アロンに詰めよります。

「この民はあなたに一体何をしたのか。これほど大きな罪を彼らに犯させるとは。」
（三二・二一）

アロンはこう応えます。

「わが主人よ、どうか怒りを燃やさないでください。この民が悪意に満ちていることは、あなたがご存じです。彼らは私に、『私たちに先立って進む神を造ってほしい。私たちをエジプトの地から導き上った人、あのモーセがどうなったのか、分からないからだ』と言いました。」
（三二・二二〜二三）

いかがでしょうか。アロンもここで、イスラエルの民のために、とりなしをしているように見えます。しかしアロンの言葉には、モーセのとりなしのような、命をはる迫力がありません。むしろ嘘をついて言い訳をしながら、自己正当化しようとするのです。四節では、「彼（アロン）は、……子牛の鋳造を造った」と記されていましたが、アロンはあたかもそれが勝手にできたかのように言っています（三二・二四）。そのように言い訳をするアロンは、とりなしをしているように見せて、自分を守ろうとする宗教者の姿そのものです。あるいは自己正当化するリーダーの姿がここにあります。

厳しい裁き

その後、モーセは、この偶像製作と偶像崇拝に加担した者に悔い改めを呼びかけます。するとそこには、レビの子らが集まりました。モーセは、このレビの子らを用いて、悔い改めない者全部を殺してしまうように、命じるのです（三二・二七～二八）。

このことについては、正直、とても戸惑いを覚えます。旧約聖書には、他にもそういうことがたくさん出てくるのですが、このテキストに関して、幾つかのことを確認しておきたいと思います。モーセは、神が「主に付かなかった者を、全員殺す」と命令したように言っていますが、それ以前のところを読んでも、神様はそういうことを一言もおっしゃっていません。むしろモーセが神様の気持ちをなだめようとして、モーセ自身が判断して命令したことのように思います。もっとも、神様はここで、モーセを止めてはおられませんので、神様もそれに同意しているということになるかもしれませんが、ここには、神様の意志を飛び越えた宗教者の熱心さやあせりのようなものを感じます。そういうことは、その後の歴史においても、しばしば起こって来たのではないでしょうか。

神様の裁きという体裁を取りながら、神の名を借りた宗教上の裁き、魔女裁判のようなことです。

もうひとつ、これは「レビ人がここで重要な役割を果たした」と書き記そうとした後代の付加である、という見解もあることを述べておきたいと思います。いずれにしろ、こういうことは現代では絶対にあってはならないことで、私たちはこの皆殺しの部分を批判的に読む必要があるでしょう。

命をかけて、とりなすモーセ

第四幕。翌日、モーセはこう言いました。

「もしかすると私は、あなたがたの罪のために贖いをすることができるかもしれない。」（三二・三〇）

そしてモーセは神に祈るのです。

「ああ、この民は大きな罪を犯しました。自分のために金の神々を造ったのです。今もし彼らの罪をお赦しくださるのであれば……。」（三二・三一〜三二）

ここで、言葉をつまらせます。そして一息ついてから、「しかし、もしそれがかなわないなら、どうぞあなたが書き記された書から私を消し去ってください」（三二・三二）と言いました。モーセは自分の命をかけて、その民のために、とりなしの祈りをするのです。主はモーセの命をかけたとりなしの祈りを聞きつつ、それが人々の「贖い」になることは退けられました。

罪の贖い

さてモーセは、このところで、神と人の間に立つ仲保者でありました。神はそのモーセのとりなしに応じられ、思い直して裁きを留保されました（三二・一四）。神は、そのようなとりなしを待っておられるようでさえありました。

パウロも、イスラエルの民のためにこう祈りました。

「私自身、きょうだいたち、つまり肉による同胞のためなら、キリストから離され、呪われた者となってもよいとさえ思っています。」（ローマ九・三）

ここには同胞の救いのための真剣なパウロのとりなしの祈りがあります。自分の命と引き換えてもよい。神から捨てられた者とさえなってもよい。神はそのような真剣なとりなしの祈りをお聞きくださるのです。

しかしながら同時に、このようなモーセやパウロのとりなしの祈りにも限界がありました。それは罪の贖いまではできなかったということです。モーセ自身、「もしかすると、あなたがたの罪のために贖いをすることができるかもしれない」と言って、祈りに向かいました。モーセにその志はあっても、それをなしうる力はありませんでした。それをまことになしうるのは、新約聖書的に言えば、神の子イエス・キリストのみです。神の子として、神の資格をもったお方が、人間の側に立ってくださる時、その二つがぴたりと重なる時に、まことの罪の贖いが成り立つのです。イエス・キリストは、それを、身をもってなしてくださいました。ご自分の命をかけて、十字架の上で、自分を迫害し、自分を十字架にかけている人を指して、「父よ、彼らをお赦しください。自分が何をしているのか分からないのです」（ルカ二三・三四）と祈られました。このイエス・キリストの十字架上の祈りによって、モーセやパウロのとりなしの祈りも完成すると言ってもよいかもしれません。モーセのとりなしの祈りそのものが、イエス・キリストの贖いを待ち望む祈りであった、イエス・キリストを指し示す祈りであった、と私は思うのです。

（二〇二四年四月七日）

20 同行

出エジプト記三三章一二～一七節
ヨハネによる福音書一五章一一～一七節

神のモーセへの告知

前回は、出エジプト記三二章を読み、モーセの命がけのとりなしの話をいたしました。今回の三三章でも、モーセの神様へのとりなし、モーセと神様の対話が続いています。三三章は、このように始まります。

「主はモーセに告げられた。『さあ、あなたも、あなたがエジプトの地から導き上った民も、私がアブラハム、イサク、ヤコブに誓って、『あなたの子孫に与える』と言った地に、ここから上って行きなさい。私はあなたに先立って使いを差し向け、カナン人、アモリ人、ヘト人、ペリジ人、ヒビ人、エブス人を追い出す。乳と蜜の流れる地に上りなさい。しかし私は、あなたの間にいて一緒に上ることはない。私が途中であなたを滅ぼすことのないためである。あなたはかたくなな民であるから。』」

（三三・一～三）

いかがでしょうか。微妙な言い回しです。ここでは三つのことが語られています。一つ目は、「約束の地に向けて出発しなさい」ということ。二つ目は、「あなたに先立って使いを送る」ということ。三つ目は、「しかし私自身は、一緒に行かない」ということです。一緒に行かない理由は、「あなたを滅ぼさないため」というのです。無事に旅を全うさせるための配慮でしょうか。神は「さあ行きなさい」と言いながら、「自分は一緒に行かない」というのですから、突き放したような言葉です。イスラエルの人々は、これを悪い知らせと受け止めました。彼らは、金の子牛を造った裁きは免れましたが、同時に、「神が共に行かれる」という守りからもはずされてしまったのです。

「民はこの悪い知らせを聞いて嘆き悲しみ、一人として飾りを身に着けなかった。」

（三三・四）

飾り物を身に着けない、ということは、悔い改めのしるしでありました。この後、主はモーセに、「今すぐ、あなたの飾りを体から外しなさい。そうすれば、私はあなたのためにに何をすべきか考えよう」（三三・五）と言われますが、それを先取りしているのでしょうか。

友と語るように

モーセは、次に、宿営（キャンプ地）の外、遠く離れた所に、一つの天幕を張って、「会見の幕屋」と名付けました（三三・七）。これは、さきに細かい指示を受けた、あの本格的な幕屋ではありません（二五～三一章参照）。臨時の簡単なものです。モーセが神様と会い、神様と話すための場所です。宿営の外にそれを張る。

この後のイスラエルの歴史を見ていきますと、宿営の外というのは汚れた所、神様の祝福、守りからはずれた所という意味合いをもってくるのですが、この時は逆です。宿営そのもの、イスラエルの民そのものが汚れ、罪に満ちているから、神様はその外でモーセとお会いになるというのです。

モーセがその会見の幕屋に行く時、イスラエルの民は皆立ち上がって、それを見送りました。モーセが幕屋に入ると、雲の柱が降りてきて幕屋の入り口で、それが止まりました。神様が来られたことの徴です。それを見ながらイスラエルの民は、それぞれ自分の天幕（テント）の入り口で礼拝をしました。彼らは彼らで、できる限りの誠実さを示そうとしたのです。主なる神様はモーセと、その会見の幕屋の中でお会いになります。

「主は、人がその友と語るように、顔と顔を合わせてモーセに語られた。」（三三・一一）

これは本来、ありえないことでした。神様が人間に語られる時、決して神様の顔を見てはいけない。汚れた者は、神様のきよさのゆえに死ぬ、と言われていました。

この三三章の終わりの部分でも（別の文脈ではありますが）、神様はモーセに対して、「あなたは私の顔を見ることはできない」（三三・二〇）とおっしゃっています。これが本来の関係です。ところが、この会見の幕屋の中では、神様はモーセと、顔と顔とを合わせて語られたというのです、友のようにして。確かに、この後、モーセと神様は、より突っ込んだ話をします。そして食い下がるモーセの願いを神様が聞き届けられるのです。神様はモーセを対等な交渉相手、パートナーとして見ておられるようです。これは非常に興味深いことです。

新約聖書の中でも、イエス・キリストが弟子たちのことを友と呼ばれたことがありました。

「私の命じることを行うならば、あなたがたは私の友である。私はもはや、あなたがたを僕とは呼ばない。僕は主人のしていることを知らないからである。私はあなたがたを友と呼んだ。」

（ヨハネ一五・一四〜一五）

これも本来はありえないことでした。主人のほうから僕であるはずの者に向かって、そう言われたからこそ、実現したことです。それを髣髴（ほうふつ）とさせるような言葉が、神様の口からモーセに向かって語られたのです。

モーセの願いを超える答え

モーセは二つのことを神様に願いました。

「あなたは私に、『この民を導き上れ』と仰せになりました。しかし、私と共に遣わされる者は示されていません。」　（三三・一二）

さらにモーセは続けます。

「しかもあなたは『私はあなたを名指しで選んだ。あなたは私の目に適う』と仰せになりました。もしあなたの目に適うのなら、どうか今、あなたを知ることができるように、私にあなたの道をお示しください。」　（三三・一三）

ところが神様は、このモーセの二つの願い（「遣わされる者を示してください」と「神様の道を示してください」）に、直接、答えようとはなさらず、より深い次元の答えをされるのです。しかしこれこそが実は、モーセが一番欲しかった答えであります。

「私自身が共に歩み、あなたに安息を与える。」　（三三・一四）

神様は、最初「自分は一緒に行かない」と言われていましたが、モーセの深い求めがどこにあるのかを察知して、「私自身が同行しよう」とおっしゃったのです。
以前にもこれと似たようなことがありました。それは、最初にモーセが召し出された時でした。モーセは、ミデアンの地にひっそりと妻と子どもと一緒に過ごしていましたが、そのモーセに向かって、神様はこう呼びかけられました。

「さあ行け。私はあなたをファラオのもとに遣わす。私の民、イスラエルの人々をエジプトから導き出しなさい。」（三・一〇）

この召し出しに対して、モーセはこう問いかけました。

「私は何者なのでしょう。この私が本当にファラオのもとに行くのですか。私がイスラエルの人々を本当にエジプトから導き出すのですか。」（三・一一）

しかし、神様はこのモーセの「私は何者なのでしょう」という問いにはお答えにはならず、少しはずれた答えをされました。それは「私はあなたと共にいる。これが、私があなたを遣わすしるしである」（三・一二）という言葉でした。モーセは自分の資質を問うたのですが、神様は、「私はあなたと共にいる」と答えられたのです。神様の約束こそがモーセがリーダーであることを示すものでありました。

今回の問答でも、モーセの「遣わされる者を示してください」「道を示してくださ い」という言葉に答えるよりも、それらすべてを超える答え、「私自身が同行し、あなたに安息を与える」とおっしゃった。これは深い御言葉であると思います。

モーセの必死の願い

モーセは、この神様の答えを聞き逃したのでしょうか。まさかそんなことはあるまいと思ったのでしょうか。あるいは、それを確認しようとしたのでしょうか。もっとはっきりと、神様の同行を願い出ます。

「あなた自身が共に歩んでくださらないのなら、私たちをここから上らせないでください。」（三三・一五）

モーセは続けます。

「私とあなたの民があなたの目に適っていることは、何によって分かるのでしょうか。あなたが私たちと共に歩んでくださることによってではありませんか。」
（三三・一六）

モーセは、神様が「友と語るように」と語られたので、自分の最も願うこと、自分の民が最も必要なことを、率直に求めるのです。主なる神様は、モーセに答えられました。

「あなたの言ったそのことも行う。あなたは私の目に適い、私は名指しであなたを選んだのだから。」
（三三・一七）

モーセのなりふりかまわぬ、必死のとりなしの祈りが聞き届けられたのです。

神の主権

モーセはさらに言葉を重ねます。

「どうかあなたの栄光を私にお示しください。」　（三三・一八）

神様は答えられます。

「私は良いものすべてをあなたの前に通らせ、あなたの前で主の名によって宣言する。」　（三三・一九）

「主」というのは、本来は「ヤハウェ」という名前であり、「私はいる」という意味です。その名前をモーセに宣言されたのです。そしてこう語られました。

「私は恵もうとする者を恵み、憐れもうとする者を憐れむ。」　（三三・一九）

パウロはローマの信徒への手紙九章で、この言葉を引用しています。少し訳が違いますが、こういう言葉です。「私は憐れもうとする者を憐れみ、慈しもうとする者を慈しむ」（ローマ九・一五）。これは「誰に恵みを与えるかは私の自由だ。人間の側の功績などにはよらない」という神様の主権の宣言と言ってもよいでしょう。

イエス・キリストを待ち望む

このモーセの神様への問いかけ、必死の祈りは、イエス・キリストを待ち望む、いわばアドベントの祈りです。

「あなた自身が共に歩んでくださらないのなら、私たちをここから上らせないでください。」モーセ自身の切実な祈りです。神様は、「あなたのこの願いも適えよう」とおっしゃった。この神様の約束は、クリスマスによって出来事となりました。

「見よ、おとめが身ごもって男の子を産む。その名はインマヌエルと呼ばれる。」
（マタイ一・二三）

主の天使は、マリアの夫ヨセフにそのように告げました。インマヌエルとは、「神は私たちと共におられる」という意味です。どんな使いの者、預言者でもまだ足りない。神様ご自身が人と共に歩む。それはクリスマスによって実現するのです。私たちはその約束を心に留め、イエス・キリストが私たちと共におられることによってこそ、どんな困難をも乗り切ることができるのではないでしょうか。

旧約聖書のはるか彼方から、イエス・キリストを待ち望むようにして、モーセの口から願われ、神様の口から約束として与えられているのです。

ここでモーセが祈ったような真摯な祈りを、神様はお聞き上げくださる。そしてそれによって、私たちの一人一人と、今日の教会があります。神様は名指しで呼ばれるお方です。モーセを名指しで呼ばれ、そのことのゆえにあなたの願いを聞き届けると言われました。

先ほどのヨハネ福音書一五章で「私はあなたがたを友と呼んだ」と語られた直後に、こう語っておられます。

「あなたがたが私を選んだのではない。私があなたがたを選んだ。あなたがたが行って実を結び、その実が残るようにと、また、私の名によって願うなら、父が何でも与えてくださるようにと、私があなたがたを任命したのである。」

（ヨハネ一五・一六）

私たちを一人一人選んで、名指しで呼ばれている。その呼び出しに答える時に、大きな祝福を与えてくださるのです。

マーガレット・F・パワーズ「あしあと」

神様から見捨てられたように見えても、実はもっと深い次元で神様は共に歩んでくださっていたということで、有名な「あしあと」という詩を思い起こしました。最後にその詩をお読みしたいと思います。

「ある夜、わたしは夢を見た。
わたしは、主とともに、なぎさを歩いていた。
暗い夜空に、これまでのわたしの人生が映し出された。
どの光景にも、砂の上にふたりのあしあとが残されていた。
ひとつはわたしのあしあと、もう一つは主のあしあとであった。

これまでの人生の最後の光景が映し出されたとき、

わたしは、砂の上のあしあとに目を留めた。そこには一つのあしあとしかなかった。
わたしの人生でいちばんつらく、悲しい時だった。
このことがいつもわたしの心を乱していたので、
わたしはその悩みについて主にお尋ねした。

『主よ。わたしがあなたに従うと決心したとき、
あなたは、すべての道において、わたしとともに歩み、
わたしと語り合ってくださると約束されました。
それなのに、わたしの人生のいちばんつらい時、
ひとりのあしあとしかなかったのです。
いちばんあなたを必要としたときに、
あなたが、なぜ、わたしを捨てられたのか、わたしにはわかりません。』

主は、ささやかれた。『わたしの大切な子よ。
わたしは、あなたを愛している。あなたを決して捨てたりはしない。
ましてや、苦しみや試みの時に。

あしあとがひとつだったとき、わたしはあなたを背負って歩いていた。』

（マーガレット・F・パワーズ）

（二〇二四年四月二八日）

21 再生

出エジプト記三四章一～一〇節
マタイによる福音書一五章三二～三九節

幾千代にも及ぶ慈しみ

モーセは神様からいただいた十戒の板を投げつけて壊してしまっていました（三二章）。「この民はそれを受ける資格がない。むしろそれによって裁かれ、滅びてしまう」と思ったのでしょう。しかし民に対してはそのように厳しい顔を見せながら、神様に対しては、「どうか彼らの罪を赦してください」とひたすらなとりなしの祈りをします。そして神様は、その民のために、もう一度すべてを新しく始めてくださるのです。モーセに十戒を刻む板をもう一度用意させ、やり直すチャンスを与えてくださいました。

「主はモーセに言われた。『前のような二枚の石の板を切り出しなさい。そうすれば、私はその板に、あなたが打ち砕いた前の板にあった言葉を書き記そう。明日の朝までに板を準備し、朝、シナイ山に登り、山の頂上で私の前に立ちなさい。』」

（三四・一～二）

神様の恵みの言葉です。私たちはもう一度初めからやり直すことができる。それは、神様がそのように促してくださるからです。

モーセは誰も従者を連れず、ただ一人山を登っていきました。手には二枚の石の板を携えていました。そこで主なる神様は、彼の前を過ぎ去り、こう宣言されます。

「主、主、憐れみ深く、恵みに満ちた神。
怒るに遅く、慈しみとまことに富み
幾千代にわたって慈しみを守り
過ちと背きと罪とを赦す方。」

（三四・六～七）

これは神様が、自分がどのような者であるかを宣言なさった言葉です。最初に、「主、主」と書かれていますが、もともとは「ヤハウェ、ヤハウェ」という神様の名前が記されています。神様は、自分の名前を宣言しながら、自分がどういうものであるかを明らかにされました。ただしその次に記されている言葉は少しトーンが違います。

「しかし、罰せずにおくことは決してなく
父の罪を子や孫に
さらに、三代、四代までも問う方。」　（三四・七）

これは厳しいと思う方もあるかもしれませんが、事実として、親が犯した罪の結果、子どもや孫がその影響を受けるということがあるでしょう。しかし、やがてエゼキエル書においては、「人は各人の罪によって裁かれる。親の罪を子どもが負うことはない」ということがはっきり語られるようになります（エゼキエル一八章参照）。

またこれは、神様の自己宣言が完結した後で、付随的に語られていることであり、フレットハイムという聖書注解者は、「六節で紹介されている神の属性（本質的な性質）の中に裁きの言及は存在しない。怒りはもはや神の本質の継続的な側面ではなく、歴史的状況への特殊な応答となっている」と述べています。裁きについては、神様の自己宣言が完結した後で、付随的に（七節）語られているだけだというのです。

さらに、「神の慈しみが強調されると同時に神の怒りという要素が省略されるという二重性は、イスラエルに対する神の無条件の愛を力強く物語っている。赦しという文脈の中で、『罰すべき者を罰せずにおかず』と語っている点は、『正当な裁きをなおざりにしない』ことを意味している」と述べています（フレットハイム、四三三頁）。「罰せられるべき者が罰せられる」ことは、神様が決して裁きをなおざりにされないということであり、そのもとで苦しんでいる人にとっては恵みです。それは、神様の正義、神様の秩序、この世界が保たれるということに他なりません。

神が名前を明かされる

神様がご自分のほうから名前を明かしてくださった。名前を明かすことによってモーセを認め、対等のパートナーのようにして、「人がその友と語るように、顔と顔を合わせて」（三三・一一）、ご自分の言葉を告げられるのです。名前を明かすということには、特別な意味があります。

神様はモーセにご自分の名前を明かされた時、モーセを信頼して自分を委ねて、ご自分の本音を語られたのでしょう。聖なる名前が告知される。この名が告知されるまでは、モーセといえども、黙して頭を下げ、礼拝することしかできませんでした。名前が明らかにされることによって、神様とモーセの話が始まるのです。その後、モーセは訴えます。

「わが主よ、もし私があなたの目に適うのなら、どうか私たちの中にあって共に進んでください。かたくなな民ですが、私たちの過ちと罪とを赦し、私たちをご自身のものとしてください。」（三四・九）

ノアの洪水物語との共通点

このモーセの祈りは、先ほどのフレットハイムも指摘しているように、ノアの洪水物語に通じるものがあります。

ノアの洪水物語は、多くの方がご存じでしょう。神様が、この世界のひどい有様を見て、すべてを新しくやり直すと決意して洪水を起こさせるのです。そのことが創世記六章の初めに述べられ、六～八章で大洪水が起きます。しかしその洪水が終わった時に、神様がおっしゃったことは印象深いことです。

「主は宥めの香りを嗅ぎ、心の中で言われた。『人のゆえに地を呪うことはもう二度としない。人が心に計ることは、幼い時から悪いからだ。この度起こしたような、命あるものをすべて打ち滅ぼすことはもう二度としない。
地の続くかぎり、種蒔きと刈り入れ
寒さと暑さ、夏と冬
昼と夜、これらがやむことはない。』」

（創世記八・二一〜二二）

そしてこの神様の決意に基づいた、有名な虹の契約が結ばれるのです（創世記九・一三）。この洪水の前と後で変わったことは何なのか。人が「もう二度とこういうことをしません」と言って、神様が赦したのではありませんでした。「人が心に計ることは幼い時から悪い」ということに神様が気付いた。だからこの人間を相手にする時には、神様のほうから一方的に恵みを与え続けるような形でしか、契約を結ぶことはできないことがわかったのです。

今日の出エジプト記三四章のほうも、それに似ています。アロンとイスラエルの民たちが金の子牛を作って神様に背きの罪を犯し、モーセがそれを打ち砕いたわけですが、その民が悔い改めたから、神様が新しく契約を結んでくださる、というわけではありませんでした。かたくなな民であり続けるのです。かたくなな民であるにもかかわらず、いやもっと言えば、かたくなな民であるからこそ見捨てない、と約束をしてください、とモーセは祈り、神様もそれに応えてくださったのです。

もちろんそのことは、人は悔い改める必要がないということではありません。そういう真実な、慈しみ深い神様であるからこそ、私たちは新しくなることができる。そういう神様であるからこそ、悔い改めて新たに従っていく決心をするのです。

キリストの真実

これは、新約聖書の「キリストの真実によって義とされる」ということにも通じるものです。昨日の鹿児島地区女性集会の開会礼拝で、鹿児島教会の尾崎和男牧師も述べておられたことですが、これまで「イエス・キリストへの信仰によって義とされる」（ガラテヤ二・一六、新共同訳）と訳されてきたパウロの言葉は、新しい聖書協会共同訳では、「キリストの真実によって義としていただく」となりました。「信仰」という言葉の原語はピスティスというギリシャ語なのですが、これは「真実」とも訳せるのです。

「キリストへの」、「キリストの」も文脈でどちらとも訳せる。「信仰」と訳した場合には「(私たちの)キリストへの信仰」となるでしょうが、「真実」と訳した場合には、「キリストの真実」となります。「私たちのキリストへの信仰」によって義とされるのであれば、私たちの救いは私たちが信じるかどうかにかかっているように聞こえます。そうであれば、どこまで行っても不安が残ります。しかしキリストの真実によって義とされるのであれば、私たちが不信仰になろうとも、キリストの真実は私たちを裏切らない。そのキリストの真実こそが私たちを義(正しいもの)としてくださるということになります。そのほうが洪水物語以来、聖書を貫いている考えに通じるものでしょう。そのことが、よく表れた翻訳になったと思います。

このところでも、イスラエルの民の悔い改めや信仰によってではなく、ただ神様の慈しみによって受け入れられ、共に歩んでくださることを、モーセは求めているのです。そのモーセのとりなしの祈りに続いて、神様は、こう言われました。

「このとおり、私は契約を結ぼうとしている。私はあなたの民すべての前で驚くべき業を行う。それは、あらゆる地のいかなる国民の中でも行われたことのないものだ。あなたと共にいる民は皆、主の業を見るであろう。私があなたと共にあって行うことは恐るべきものである。」
（三四・一〇）

一旦破棄された契約を、神様は、もう一度結ぶと言ってくださった。罰せられるべきことがあったのに、単純にそれを裁くということではなく、全くこれまでなかったような新しい仕方で、生きる道をつけてくださるのです。その道は、やがてイエス・キリストにつながっていくと言ってもよいかもしれません。

熱情の神、妬む神

「他の神にひれ伏してはならない。主はその名を妬みと言い、妬む神だからである。」
（三四・一四）

「妬む神」は、新共同訳聖書では「熱情の神」となっていました。原語は「エル・カンナー」というヘブライ語で、どちらとも訳せるのです。木幡藤子氏は、「なぜなら、ヤハウェは熱愛の神で、その名をエル・カンナーというからである」（岩波書店訳）と訳しています。

十戒のところでも一度述べましたが、私は「妬む神」よりも「熱情の神」という訳のほうが好きです（二〇・五、本書四七頁参照）。

ここで、戒めが再授与されたことを確認するように、十戒の最初の部分が繰り返されます。まず偶像を造ることと拝むことの禁止（三四・一三〜一七）が語られます。また二一節では、安息日を想定し、「六日間働き、七日目には休まなければならない」と示されます。

モーセの顔の光

さて、そうした戒めの再授与ということがあった後、不思議な結びが出ています。

「モーセはシナイ山から下りた。山を下りるとき、彼は二枚の証しの板を手にしていた。モーセは、主と語るうちに彼の顔の肌が光を帯びていたことを知らなかった。アロンとイスラエルの人々が皆モーセを見ると、彼の顔の肌が光を帯びていた。それで彼らはモーセに近づくことを恐れた。」（三四・二九〜三〇）

これは何を意味しているのでしょうか。それは、神様の前に出たモーセもまた、神様の光を身に帯びるようになっていたということであろうかと思います。もちろん神様ご自身の光と同じではないと思いますが、神様と話をしたモーセも、その光のなにがしかをもっていた。光をいっぱい受けて、その光が去った後も、まだ光が残っていたのです。ちょっと夜光塗料のような感じもします。それは、人々を恐れさせるものでしたので、モーセは語り終えた時に、自分の顔に覆いを掛けました（三四・三三）。

世の光

ここから私は、新約聖書の「世の光」という言葉を思い起こしました。イエス・キリストは、「私は世の光である」と言われました（ヨハネ八・一二）。しかし同時に、「あなたがたは世の光である」とも言われました（マタイ五・一四）。

この「あなたがた」のほうの「世の光」は、イエス・キリストの「世の光」と同じではないでしょう。私たち自身は光るものではありません。むしろイエス・キリストの光を身に受けて、それを反映した光でしょう。しかしイエス・キリストと共にある時に、私たちも何らかの光をもつものとなっていると、イエス・キリストが宣言してくださっているのではないでしょうか。それを受けて、「あなたがたの光を人々の前に輝かしなさい」（マタイ五・一六）と言われるのです。今日のモーセの光は、それと少し違って、逆に、まわりの人々を恐れさせるものであったわけですが、私はここにも神様に触れる人間の姿があるように思いました。

恵みを繰り返される

今日、新約聖書のほうは、マタイ福音書一五章に記された四千人の人々に、パンを与えたという奇跡物語を読んでいただきました（マタイ一五・三二〜三九）。実は、これとよく似た話が直前の一四章一三節以下にも出てきます。一四章の方は、五千人の人々にパンを与えたという物語でした。これはもともと同じ出来事であったのではないかという説もあるのですが、私はむしろ、イエス・キリストがどういう方であるかを悟らない弟子たちに対して、同じ奇跡をもう一度、新しく見せてくださったのではないかと思うのです。私たちが恵みを忘れて不安になる時にも、イエス様の恵みのほうが追いかけてくるのです。私たちがどんなに挫折する時にも、神様の姿、イエス・キリストの姿が見えなくなる時にも、もう一度立ち直って出発することができるように、再生のチャンスを与えてくださるのです。私たちは、それに応答するものでありたいと思います。

（二〇二四年五月二六日）

22 献納

出エジプト記三五章四～二二節
使徒言行録四章三二～三七節

心から進んで献げる

出エジプト記を続けて読んできましたが、いよいよ最後の部分に入ります。このところから始まる部分、三五～四〇章は、二五章から三一章までを受けて、ほとんどがその繰り返しです。前の部分では、幕屋建設の細かい指示が記されていましたが、この三五章以下においては、それらが確かに実行されたということが述べられるのです。今日は、特にその最初の部分、三五章四節から三六章七節までを見ていきましょう。

「これは主が命じられたことである。あなたがたの持ち物の中から主への献納物を取りそろえなさい。心から進んで献げる人にはすべて、主の献納物として次のものを携えて来させなさい。」

（三五・四～五）

「心から進んで献げる人」とあります。これが、幕屋建設を貫く精神です。幕屋建設に必要な材料は、強制的に集められたのではありませんでした。税金とは違う。年貢とは違う。心から進んで献げる。それによって、ことがなされる。これは不思議なことではないでしょうか。

「すなわち、金、銀、青銅、青や紫、また深紅の糸、上質の亜麻糸、山羊の毛、赤く染めた雄羊の皮、じゅごんの皮、アカシヤの木、灯油、注ぎの油のための香料とかぐわしい香のための香料、エフォドや胸当てにはめるカーネリアンや宝石類である。」

（三五・五～九）

「じゅごん」は、日本語で言う「じゅごん」と必ずしも同じではないようですが、水棲動物です。イルカと訳されることもあります。その皮に防水効果があり、会見の天幕の上の覆いに用いられたようです。祭具の包装にもその皮が使われました。あとのものも、金、銀、宝石を初めとして、高価なものがずらりと並んでいます。

彼らは、モーセの言葉を聞いた後、一旦、それぞれの天幕（家）へ帰ります（三五・二〇）。そしてモーセが掲げたリストの中で、「うちにあるものはないかしら」と探しました。誰も強制されてはいません。そしてモーセのもとへ帰ってきました。今度は手ぶらではなく、それぞれ、献げ物を携えています。

「心を動かされた人と、魂を突き動かされた人は皆、会見の幕屋の製作と、そのすべての作業や祭服のために、主への献納物を携えて来た。男も女も次々と、心から進んで献げる人は皆、襟飾り、耳輪、指輪、首飾り、すべての金の祭具を携えてやって来た。彼らは皆、金を奉納物として主に差し出した。」（三五・二一〜二二）

これらのものは、すべて非常に高価なものであったに違いありません。かつて奴隷であった人々が、いつのまにそんな高価なものを手に入れたのでしょう。旅をしているうちにさまざまな財産を持つようになったのでしょうか。あるいは出発する時にイスラエルの人々の求めに応じてエジプト人が供したものでしょうか（一二章三六節参照）。（後の時代のことがここに反映されているのかもしれません。）しかしそのような大事なものであれば、なおのこと、それを献げてしまうのはなかなかできることではありません。しか

し、彼らは幕屋建設のために喜んでそれらを献げたのです。「私は、これを持っていま
す。これを献げさせてください」と名乗りを上げました。そこには下心はなかったでし
ょう。

金の子牛の時との違い

彼らは、金の子牛を造った時も、それぞれ材料を持ち寄りました。しかしあの時と今
回は、似ているようで全く違った空気が支配していたのではないかと思います。あの時
は不安から出発していました（三二・一参照）。「はじめに人間の意志と計画ありき」で
す。金の子牛製作は、それを実現するための事業でした。その民衆のリクエストに応え
て、アロンが材料となる金を徴収する。

「あなたがたの妻、息子、娘の金の耳輪を外し、私のところに持って来なさい。」
（三二・二）

こちらは、自ら進んで心から献げたのではありませんでした。それに従わないと、ど

うなるかわからないという恐れと不安が支配しています。それゆえに、不満があふれています。みんな仕方なく応じました。隠していた人がいたとしたら、「お前はどうして出さないのだ。みんな平等に分担すべきではないか」と非難されたことでしょう。

ところが、今回の箇所では違います。出さない人がいてもよいのです。出したい人が出す。献げたい人が献げる。だから誰も文句を言わない。多くを持っている人、余裕のある人はきっと多く出したでしょうが、そうでない人もいたかもしれません。それでよいのです。それでも誰も不満を言わない。反対に、少なくしか持っていないにもかかわらず、多く出した人もあるでしょう。それでよいのです。喜んで献げているのです。多く献げた人も、自分が損をしたとは思わなかったでしょう。

教会の原理

私は、これは今日の教会と同じだなと思いました。教会というところは、不思議な集団です。この世の組織ではありえないようなことが、ここで起こっている。献げたい人の自由な献げ物によって、成り立っているのです。普通は、他のことでは仲よくしていても、お金のことになると、とたんにぎすぎすしてくることが多いものです。家族の間、兄弟の間でもそういうことがしばしば起きます。

公的事業は、税金でまかなわれますが、少しでも自分や自分のグループが損をしているようだと不満が出てきます。それは、金の子牛製作の時と同じです。自分たちで計画を立て予算を立てて、それに必要なお金を算出する。それが税金にのしかかってくる。税金となると、みんなあまり出したくありません。「なんで私がこんなに出さなければならないのか。もっといっぱい持っているのに出さない人がいるではないか」という話になっていきます。

しかし教会は違う原理で動いている。自由意志に基づいています。献金のことだけではありません。奉仕もそうでしょう。礼拝当番、委員会活動。一番大変なのは役員さんでしょうが、みんなボランティアで一生懸命働いてくださっています。そのようにして、教会は自由な奉仕と自由な献金で保たれてきたのです。外から見ると、どうしてそんなことが成り立つのだと思われるのではないでしょうか。

もっとも教会の中でも、時々、不満の声が出てくることもあります。「自分はこんなにやっているのに、あの人はなんでもっとしてくれないのか。」奉仕活動についても、ぎすぎすしてくることがあります。「あの人は無責任だ。」しかし私は、「みんなボランティアでやっているんだから、もっと楽しく、喜んでやりましょう」と言うことがあります。喜びに満ちていなければ、誰も来たいと思わないでしょう。「来てよかった。また来たい。」それが健全な教会です。「教会に来ると、どっと疲れが出てくる。」時々、そういうこともあるかもしれませんが、それは教会が病んでいるしるしでしょう。そういう時は、教会自身が、信仰によって、健康を回復していかなければならないと思います。

心に知恵のある者

「あなたがたのうち心に知恵のある者は皆やって来て、主が命じられたものをすべて作りなさい。」（三五・一〇）

「心に知恵のある者」とは、「職人としての専門的な技術、熟練、ノウハウを知っている者」というような意味です。神様がご計画を実現するために、ある人たちに知識と技術を与えながら、召しておられるのです。二五節にも、「心に知恵のある女たちは皆その手で紡ぎ、その紡いだ青や紫、また深紅の糸と上質の亜麻糸を携えて来た」とあります。必要な材料と同時に、必要な人材も集められた。知識や技術をもっている人。建築の技術。絵の才能。紡ぎ方を知っている人。ぞくぞくと集められるのです。みんな、「心を動かされて」やってきたのです。お金のためではありません。「自分の賜物が生かされるならば、こんなにうれしいことはない」と思った人たちです。

これも今日の教会に通じるものでしょう。教会の中には、さまざまな賜物をもっている人たちがいます。そしてそれを出し惜しみなく、教会のために、神様の御用のためにご提供くださるのです。

音楽の賜物をもった方。美術の賜物をもった方。書道の賜物をもった方。コンピューターの賜物をもった方。子どもが好きな方。人のお世話をするのが好きな方。話が上手な方。話を聴くのが上手な方。きめ細やかな方。大局的にものを見通せる方。論理思考に強い方。文章を書くのが得意な方。編集能力のある方。外国語ができる方。いろいろな賜物があります。

「自分には何もない」と思われる方もあるかもしれませんが、そんなことは決してありません。忙しい中で、教会に来る時間を何とか確保して、ここに来ておられる方もあるでしょう。それ自体が証であると思います。年をとったために何もできないと思われる方もあるかもしれません。しかしその方々も存在そのものが大きな証であり、奉仕であります。私たちが最後までできることは祈りでありますが、祈り自身が大切な奉仕ではないでしょうか。

召し出しつつ、育てる

三五章三〇節以下には、こう記されています。

「見よ、主はユダの部族のフルの子ウリの子ベツァルエルを指名して、彼を神の霊で満たし、知恵と英知と知識とあらゆる巧みな技を授けられた。それは、金、銀、青銅に意匠を凝らして細工し、宝石を彫ってはめ込み、また、木を彫るなど、意匠を凝らしたあらゆる仕事をさせるためである。さらに、主は彼の心に人を教える力を授けられた。」（三五・三〇～三四）

召し出しつつ、それに必要なものを随時、与えてくださるのです。しかも人に教えるという教育者の才能まで与えてくださっています。

神様の御用のためにその賜物を献げるという時にも、同じことがあるのではないでしょうか。やっていくうちにだんだんと育てられ、磨きがかかってくるのです。オルガンの奏楽や美術の奉仕、コンピューターの操作など、奉仕しながら、技術が高められていくことがあると思います。教会というのは、つくづく不思議な集団だな、と思わされますが、そのルーツがここに記されているようです。

うれしい悲鳴

二九節には、このように記されています。

「主がモーセを通して行うように命じられたすべての仕事のために、男も女も、心から進んでそれらを携えて来た。イスラエルの人々は主への自発の献げ物として携えて来た。」（三五・二九）

「自発の献げ物」です。一定の金額の会費でもないし、税金でもない。中身もそれぞれ違う。それぞれができることをしたのです。男も女もいる。お年よりも若者もいたことでしょう。できることは、みんな違う。しかしみんなが、「自分は何ができるかな」と考えました。ここに幕屋建設という一大事業のために、労力と資源と知恵と技術が結集されたのです。それがどんどん、どんどん集まってきました。

「そこでモーセは、ベツァルエルとオホリアブ、そして心に知恵ある者で、主がその心に知恵を与えられた人々、すなわち、その仕事に参加しようと心を動かされた者をすべて呼び集めた。」（三六・二）

そこから先も、人や物がどんどん集まってきました。とうとう指導者たちは、モーセにこう言いました。

「民が幾度も携えて来るので、主が命じられた仕事に必要な量よりはるかに多くなっています。」（三六・五）

集まり過ぎたのです。うれしい悲鳴です。困るほどに集まってきてしまった。それで、ついにモーセがストップをかけます。

「モーセは命じて、『男も女も聖所の献納物のためにもう何もしなくてよい』と宿営に触れ回らせた。それで、民は携えて行くのをやめた。手持ちの材料はすべての作業を行うのに十分であり、余るほどであった。」

（三六・六～七）

「はい、ストップ。そこまで。」

神様の大いなる御業を見て

使徒言行録に記されている初代教会も、そういう自由な空気に満ちていました。

「信じた人々の群れは心も思いも一つにし、一人として持ち物を自分のものだと言う者はなく、すべてを共有していた。」

（使徒四・三二）

この人たちも心を動かされた人々でありました。なぜそのように心を動かされたのか。それは、彼らがそれ以前に、神様の大いなる業を見ていたからです。神様の大きな御業、恵みの御業を見る時に、自分も進んでそこに参加していく者とされるのではないでしょうか。

出エジプトの民は、エジプトから導き出してくださったという大きな恵みの御業を見ていました。そして、この直前には、自分たちが罪を犯したにもかかわらず、それを赦してくださったという恵みを経験しました。その恵みの主の招きに、彼らは応えたいと思ったのです。

私たちのためには、イエス・キリストが大きな御業をなしてくださったということを信仰の原点として、心に留めたいと思うのです。イエス・キリストは、私たちのために、まず喜んで、ご自分を差し出してくださった。その神様のために、そのイエス・キリストのために、私たちも喜んで従っていく、そのようなクリスチャンになりたいと思います。

（二〇二四年六月三〇日）

23 栄光

出エジプト記三九章三二～四三節、
　四〇章一八～三八節
コリントの信徒への手紙一
　三章一〇～一七節

出エジプト記を振り返って

出エジプト記を四年半にわたって、少しずつ読み進めてきましたが、いよいよ今日で最後です。モーセの誕生に始まり、イスラエルの奴隷の子として生まれながら、エジプトの王女の養子として育てられるというモーセの不思議な運命と生い立ち。奴隷が虐げられるのを見過ごしにできず、かばってやり、エジプト人を殺してしまう。モーセは、ミディアンの地に逃げ、そこで妻となるツィッポラと出会い、しゅうとエトロと出会いました。そのまま一生をミディアンの地で過ごせたらと思っていたモーセを、主なる神は、エジプトへと呼び戻しました。イスラエルの民をエジプトの地から導き出すためです。モーセは、ようやく重い腰を上げ、この神様の大切な役割のために立ち上がったのでした。モーセ、八〇歳の時でした（七・七）

しかしエジプトの王ファラオも、やすやすと去らせてはくれません。モーセは神様の力によって、ナイル川の水を血に変えたり、蛙やぶよ、ばったの大群を呼び出したり、さらに暗闇を送ったりして、さまざまな災いによって、ファラオに圧力をかけます。ファラオは、何度も「もう出て行ってもよい。出て行け」と言うのですが、翌日になると、言葉を翻して、彼らを去らせることはしませんでした。

ついに神様は最後の災いの計画をモーセに告げます。それはエジプト中のすべての初子（人も動物も）を打つというものでした。しかし、家の入り口、二本の柱と鴨居に犠牲の小羊の血を塗った家だけは、「災いを過ぎ越す」というお告げがあり、その通りになります。

「私は主である。あなたがたがいる家の血は、あなたがたのしるしとなる。私はその血を見て、あなたがたのいる所を過ぎ越す。こうして、エジプトの地を私が打つとき、滅ぼす者の災いはあなたがたには及ばない。この日は、あなたがたの記念となる。」

過越から一年

（一二・一二〜一四）

これがイスラエルの民の原体験となりました。過越（すぎこし）、そして出エジプト。この出発を、第一年の一月一日として数えるようになりました。

四〇章の一七節に、「第二年の第一の月の一日に、幕屋が建てられた」とあります。つまり二年目の一月一日、この日に幕屋が建てられたというのです。あの過越の出来事からまだ一年しか経っていなかったということが、ここから分かります。私の説教自体がもっと時間をかけて行ってきましたので、何かもう随分日が経ったように思えるかもしれませんが、聖書の記述によれば、過越の出来事からちょうど一年経った日に幕屋が建てられたということです。

もっとも一月一日と言っても、今日の私たちの暦とは違います。むしろ、これはイースターと関係があります。イースターは、イエス・キリストの十字架と復活が、この過越祭の時に起きたということから、毎年春分の日の次の満月の次の日曜日と定められています。

イエス・キリストの十字架も、ルーツをたどってみますと、出エジプトの過越にちなんだものです。私たちの信仰の物語が、すでにここから始まっているのです。出発してから一年が経ち、幕屋が完成しました。これでようやく荒れ野の四〇年の旅支度が完全に整ったといってもよいでしょう。

エジプトを脱出した民は、ここに至るまでもさまざまな苦労と経験をしました。荒れ野で、飢えと空腹にも悩まされましたが、神様がマナという不思議な食べ物と、また岩の間から水を与えられました。

幕屋建設の指示は、モーセがシナイ山で神様から十戒とその他の律法をいただいた直後に行われました。

そして今、その指示通りに幕屋が建設されていくのです。これまでは、雲の柱、火の柱がイスラエルの民を導きましたが、ここから先は、幕屋が、神様が共におられるしるしとなります。ですから、この幕屋建設の命令と実行は、出エジプト記の締めくくりであり、同時にひとつの頂点です。彼らはそれを忠実に仕上げていったのです。

私たちからすれば、どうしてこんなに煩瑣(はんさ)なことまで記しているのかと思えますが、そこには彼らの特別な思い、「ひとつも落としてはならない。間違えてはならない」という思いが込められているのです。

幕屋の祭具の製作（三六～三九章）

前回は三五章から三六章七節までを扱い、イスラエルの民が心から進んで、喜んで献げ物をしたということを、共に読みました。どんどん、みんなの献げ物が集まってきまして、モーセが「これで十分。ストップ」と言うまで集まりました。

いよいよ作業が始まっていきます。聖書協会共同訳聖書では、細かいタイトルはなくなりましたが、新共同訳聖書では細かいタイトルがついていました。そのタイトルを参考に、作業の順を追ってみましょう。「幕屋を覆う幕」（三六・八～一九）、「幕屋の壁板と横木」（三六・二〇～三四）、「至聖所の垂れ幕と天幕の入り口の幕」（三六・三五～三八）、「掟の箱」（三七・一～五）、「贖いの座」（三七・六～九）、「机（台）」（三七・一〇～一六）、「燭台」（三七・一七～二四）、「香をたく祭壇」（三七・二五～二九）、「祭壇」（三八・一～八）、「幕屋を囲む庭」（三八・九～二〇）と続きます。三九章は、アロンの祭服の製作ですが、「エフォド（祭儀用の華麗な衣服）」（三九・二～七）、「胸当て」（三九・八～二一）、「上着」（三九・二二～二六）、「その他の衣服」（三九・二七～三一）と、さらに細かく記されています。そのようにして、幕屋建設が完了しました。

命令、実行、祝福

そして三九章三二節以下です。

「幕屋すなわち会見の幕屋の建設のすべては完了した。イスラエルの人々は、すべて主がモーセに命じられたとおりに行った。」

（三九・三二）

「すべて主がモーセに命じられたとおりに行った。」これがキーワードです。この言葉に続けて、何を製作したかが事細かく繰り返して紹介され、四二節で、再びこう記されるのです。

「イスラエルの人々は、主がモーセに命じられたとおりに、すべての作業を行った。モーセがすべての仕事を見ると、主が命じられたとおりに彼らが行っていたので、モーセは彼らを祝福した。」

（三九・四二～四三）

神様の命令が語られる。その言葉のとおりに実現される。そしてそれが祝福される。この三つの段階は、天地創造を思い起こさせるものではないでしょうか（創世記一・三～四、二四～二五等参照）

神の会見の幕屋は、天地創造の壮大な世界を映し出すものと見られていました。この幕屋で行われた礼拝は、天地創造を思い起こしながら、そこにおける神の祝福を身に受けて、現実の中を生き抜く力を得るものであったからです。それは、今日の私たちの礼拝にも通じるものでしょう。

主が命じられたとおりであった

さて、それでいよいよ最後の四〇章へと進んでいきます。「幕屋の建設」と題されています。材料がすべてそろったので、いよいよこれから組み立てられるのです。一～一五節はモーセに対する神様の命令であり、一六～三三節はモーセによって、それが実行されたという報告です。

一六節には、こう記されています。「モーセは、すべて主が命じられたとおりに行った」（四〇・一六）。これをつなぎとして、一七節以下に、「これこれをした」ということとが出てくるのですが、それぞれのフレーズの最後に同じ言葉が出てきます。まず一九節、「主がモーセに命じられたとおりであった。」次いで二一節、「主がモーセに命じられたとおりであった。」二三節にも、二五節にも、二七節にも、二九節にも、三二節にも同じ言葉が出てきます。一つ作業が進むごとに、「主がモーセに命じられたとおりであった」という同じ言葉が繰り返されるのです。全部で七回。これは、すべては主の命令に寸分違わず行われたということの表現です。これもまた天地創造が七日間の神の言葉とそのとおりにできあがっていったということを思い起こさせるものでしょう。

そして三三節、「幕屋と祭壇の周りに庭を設け、庭の門に仕切り幕を掛けて、モーセはその仕事を終えた」（四〇・三三）。

モーセは、ここでその大きな事業を完了したのです。

十字架で「成し遂げられた」

「（こうして）モーセはその仕事を終えた」という記述は、天地創造の他に、もう一つ大事なことを思い起こさせてくれます。それはイエス・キリストの十字架です。イエス・キリストは十字架にかけられることを、神様の仕事の完成として受け止めておられました。そして事実、そのとおりでした。

ヨハネ福音書は、こう記します。

「この後、イエスは、すべてのことが今や成し遂げられたのを知り、『渇く』と言われた。こうして、聖書の言葉が実現した。」（ヨハネ一九・二八）

「イエスは、この酢を受けると、『成し遂げられた』と言い、頭を垂れて息を引き取られた。」（ヨハネ一九・三〇）

天地が創られた。モーセは、それを思い起こしながら、自分に課せられた大事な使命、幕屋の建設を全うしました。そしてそれは、イエス・キリストの十字架の上での「成し遂げられた」という言葉につながっていくのだと私は思うのです。

イエス・キリストという土台

先ほどはコリントの信徒への手紙一　三章一〇節以下を読んでいただきました。

「私は、神からいただいた恵みによって、賢い建築家のように、土台を据えました。そして、他の人がその上に建物を建てています。ただ、おのおの、どのように建てるかに注意すべきです。イエス・キリストというすでに据えられている土台のほかに、誰も他の土台を据えることはできないからです。」（コリント一　三・一〇～一一）

私たちは、イエス・キリストを土台として建てられる神の建物です。その土台とは、あの十字架によってすでに「成し遂げられた」、「完成した」ものです。堅い、確実なものです。あとは、私たち自身が、いかに自分自身の建物をその上に建てていくかです。個人個人の歩みだけではなくて、教会の歩みもそうでありましょう。

その後のモーセの旅

さて終わりに、このように記されます。

「会見の幕屋を雲が覆い、主の栄光が幕屋に満ちた。モーセは、会見の幕屋に入ることができなかった。その上に雲がとどまり、主の栄光が幕屋に満ちていたからである。」
（四〇・三四～三五）

雲と栄光は、神様の臨在のしるしでした（二四・一六～一七参照）。さらにその後の旅のことが記されます。

「イスラエルの人々はいつも、雲が幕屋の上から離れて昇ると、旅立ち、雲が昇らないと、昇る日まで旅立たなかった。旅路にある間、昼は主の雲が幕屋の上にあり、夜は雲の中に火があるのを、イスラエルの家は皆、目にしていたからである。」
（四〇・三六～三八）

幕屋と共に旅をするイスラエルの民の間に臨在する神様のあり様がこのような形で表現されているのです。それは、かつて彼らがエジプト軍に追い立てられて荒れ野を歩んだ時に彼らを導いた雲の柱、火の柱を思い起こさせるものでした（一三・二一～二二参照）。民数記九章一五節以下に、この旅の続きについて詳しく記されています。少し長いですが、紹介しましょう。

「幕屋を建てた日、証しの天幕である幕屋を雲が覆った。それは夕方になると幕屋を包む火のように見え、朝まで続いた。常にそのようにあって、雲は幕屋を覆い、夜は火のように見えた。雲が天幕から離れて昇ると、それと共にイスラエルの人々は進み、雲が一つの場所にとどまると、イスラエルの人々はそこに宿営した。イスラエルの人々は主の命によって進み、主の命によって宿営した。雲が幕屋の上にとどまっている間、彼らは宿営し続けた。雲が何日もの間、幕屋の上にとどまり続けることがあっても、イスラエルの人々は主への務めを守り、進まなかった。雲が幕屋の上に数日の間しかとどまらないこともあったが、彼らは主の命によって宿営し、主の命によって進んだ。雲が夕方から朝までとどまるときも、朝になって雲が昇れば、彼らは進んだ。昼であれ、夜であれ、雲が昇れば、彼らは進んだ。二日でも、一か月でも、何日でも、雲が幕屋の上にあって、その上にとどまり続けるかぎり、イスラエルの人々は宿営したまま、進まなかった。雲が昇れば、彼らは進んだ。彼らは主の命によって宿営し、主の命によって進み、モーセを通して示された主の命によって主への務めを守った。」

（民数記九・一五～二三）

このようにして四〇年が過ぎていきます。彼らの旅には、「しるし」が与えられていたのです。このしるし、導きによって、彼らは旅を続けることができました。
私たちの人生もしばしば、旅にたとえられます。実際に旅のような人生を送る人もあるでしょう。同じところにい続ける人もあるでしょう。そうであっても、やはりこの世の旅路を生き抜くのです。私たちは、この鹿児島にあって、またそれぞれの場所にあって、確かなキリストの土台の上に自分を築きながら、道しるべを見て、旅を続けていきましょう。

（二〇二四年七月二一日）

出エジプト記39:32－43、40:28－38

24 眺望

申命記三二章四五～五二節
ヨハネによる福音書三章二二～三〇節

人生の終わり

私たちの人生には終わりがあります。どんなに祝福された人生にも終わりがあります。それは、誰一人として例外のない事実です。他のどんなことが不公平であろうと、このことはすべての人に共通の、究極の公平さと言ってもよいかもしれません。私たちは、何か自分だけは例外のように思っていることがあるのではないでしょうか。私は、牧師という仕事柄、多くの方々の死に立ち会うことが多いだけに、かえってそのことは心しておかなければならないと思っています。

自分が死ぬという問題。自分がこの世から跡形もなく、存在しなくなるということ。これは人生の究極の問題です。自分が死ぬべきものであることを知る。死を視野に入れて人生を送る。死は、それを視野に入れていなくとも、否応なくやってくるわけですが、死によってすべて意味がなくなってしまうような人生、言い換えれば、死を考慮に入れていない人生というのは、空しいのではないでしょうか。死が来たらすべてが終わってしまうのだから、それを考えないようにして生きるのが懸命であると考える人もありますす。私たちは、私たち自身のうちには、死に打ち勝つ力をもっていないからです。しかし信仰をもつ者は、死を正面から見据えても、なお希望をもって生きることができるのです。それが信仰者の特権ではないでしょうか。

死を目前にしたモーセの歌

私たちはこれまで出エジプト記を読んできました。そしてモーセと共に出エジプトの道を歩んできました。モーセは祝福された偉大な生涯を送りましたが、そのモーセにもついに死ぬ日がやってきました。

「主はモーセに言われた。『さあ、あなたの死ぬ日が近づいた。ヨシュアを呼び寄せ、会見の幕屋の中に立ちなさい。私は彼を任命する。』そこでモーセはヨシュアと共に行って、会見の幕屋の中に立った。主は幕屋で、雲の柱の中に現れた。雲の柱は幕屋の入り口にとどまった。

主はモーセに言われた。『あなたは間もなく先祖と共に眠りに就く。』」

（申命記三一・一四～一六）

モーセは、この神からの宣告を聞いた後に、民に向かってひとつの大きな歌を語り聞かせました。信仰の歌です。

「私は主の名を呼ぶ。
栄光を私たちの神に帰せよ。
主は岩であり、主の業は完全で
その道はことごとく正しい。
主は真実の神で、偽りがなく
正しく、まっすぐな方。
……
昔の日々を思い出し、代々の歳月を顧みよ。

あなたの父に問えば、答えてくれる。
長老たちも、あなたに話してくれる。
……
主は荒れ野で、獣のほえる不毛の地で彼を見つけ
彼を抱き、いたわり
ご自分の瞳のように守られた。」
（申命記三二・三〜一〇）

いかに神様が選ばれた民を守り導いてくださったかということを改めて思い起こさせ、これからの約束の地での生活の基礎にしようというのです。

約束の地に入ることは許されない

神様はモーセに、最後にネボ山に登るように命じられます。モーセは約束の地をはるか彼方に仰ぎ見ることは許されるのですが、そこに入っていくことは許されませんでした。それは聖書によれば、かつてツィンの荒れ野にあるカデシュのメリバの泉で、イスラエルの人々の中で神様に背き、イスラエルの人々の間で神様のきよさを示さなかった

からだということでした（申命記三二・五一、出エジプト一七・七参照）。

「そのため、あなたは私がイスラエルの人々に与える地を望み見るが、そこに入って行くことはできない。」

（申命記三二・五二）

この世的に言えば、これはとても残念なことでしょう。あと一息です。もうゴールはそこまで来ている。目にも見えているのです。しかしそこに入ることはできない。その直前で、この道行きから離れなければならない。勝利の喜び、完成の喜びを、共に味わうことは許されない。モーセも最初にそれを聞かされた時は、どんなにか残念な思いをしたことでしょうか。「神様、もう少し、もう少しだけ、私を生かしてください。これまで四〇年間苦労を共にしてきた仲間たちと、その喜びを分かち合わせてください。」聖書には、この時、モーセがどういう心境であったか、書いてありませんが、心のうちにそう祈ったのではないでしょうか。

しかしながら、モーセはそれを許されず、去っていくのです。神様の約束どおり、ネボ山の頂で死んでいくのです。申命記三四章にそのことが記されています。

「モーセは、モアブの平野からネボ山にあるピスガの頂に登った。それはエリコの向かいにあり、主は彼にすべての地を示された。すなわち、ギルアドからダンまで、ナフタリのすべてと、エフライムとマナセの地、西の海までのユダの全土、ネゲブとツォアルまでのなつめやしの町エリコの谷の地方である。」（申命記三四・一～三）

これが、神様のモーセに対する最後の配慮でした。

「これが、アブラハム、イサク、ヤコブに対し、私があなたの子孫に与えると誓った地である。私はあなたの目に見せるが、あなたはそこに渡って行くことはできない。」（申命記三四・四）

モーセはそこで満足しなければならないし、同時に満足することができる。「それでいいんだ」ということです。私たちの人生というのも、多かれ少なかれ、こういう面があるのではないでしょうか。私たちは、いつか自分たちの共同体の歩み、家族や教会の歩みから、一人離れて去っていかなければなりません。しかしそこで、続く者（教会の仲間であれ、家族であれ）に委ねることを許されているのです。

神様が約束を与え、それを指し示し、そして「あなたはあなたの仕事をやり終えた。もうそれで十分。もう去ってもよい」と許されるのです。私たちは、神様の壮大な計画の一部を生きているのです。

ボンヘッファーとM・L・キング

ディートリヒ・ボンヘッファーとマーティン・ルーサー・キング、二〇世紀の殉教者と言われるこの二人には、生きた時代、国、活動の背景の違いを超えて、不思議な共通点があり、しばしば比較されます。実はこの二人、死ぬ直前に、それぞれにモーセの死について述べているのです。

ボンヘッファーは、ナチス・ドイツの時代に、最初は、ナチスに組みするドイツ国家教会に対してイエス・キリストのみを真の主とするという告白教会を形成しましたが、やがてその運動は挫折し、ヒトラー暗殺計画を企てる程の政治的地下組織に加わっていきました。しかしそれも最後に発覚し、一九四五年四月九日、連合軍がドイツに入ってくる直前に、絞首刑になりました。三九歳でありました。

一方、M・L・キングは、一九五〇年代から六〇年代にかけて、アメリカ合衆国の黒

申命記32章45〜52節

人の公民権運動の中で闘った牧師でしたが、その闘いのさなか、一九六八年四月四日、暗殺されました。彼もまた三九歳でありました。

この二人が、自分の死を予感しながら、モーセの死に言及し、それと自分を重ね合わせているのです。

ボンヘッファーの「モーセの死」

ボンヘッファーは、その死に先立つ数ヶ月前、恐らく一九四四年の暮れ頃であると思われますが、「モーセの死」という大きな詩を、獄中で書き残しました。その一部を読ませていただきます。

「山のいただきに立つ
モーセ。神の人、そして預言者。
その目はまっすぐに
聖なる、約束の地に注がれる。

彼に死ぬ準備をさせるために、
主はこの年老いた僕のそばに寄られる。
山の高み、人々が口を閉ざすところで、
［主は］自ら彼に約束された将来を示そうとし、
この旅人の疲れた足もとに
彼の故郷をくり広げる。静かに挨拶し、
いまわのきわにこれを祝福して
安らかに死を迎えるために。
『遠くからお前は救いを見るのだ、
だが、お前の足はあそこに達することはない！』

そして年老いた目は眺める、飽かずに眺める、
はるかかなたにあるものを。黎明の中でかすむような［土地を］。
塵芥でありながら、神の力強い御手でこねられ
捧げ物の器とされた――モーセは祈る。

『主よ、約束されたことを、あなたはこのように成就なさいます、
あなたが私に対して御言葉を破られたことは一度もありません。
それがあなたの恵みであれ刑罰であれ、
それらは常になされ、そして正しかった。

苦役から私たちを救い出して、
あなたの御腕の中に安らかに憩わせ、
荒れ野を通り抜け、海の波をくぐり抜けて

あなたは不思議にも私たちに先立ってここまで導いて来られました。』
……
『真実な主よ、あなたの不真実な僕は
よく存じています。あなたが常に正しくあらせられることを。
それゆえ今日あなたの刑罰を執行して下さい。
私を長い死の眠りへと取り去って下さい。
……
あなたはすばらしい御業を私にして下さいました。
私の苦さを甘さに変え、
死のとばりを通して
この私の民が最高のうたげに行くのを見させて下さるのですから。』」
（ボンヘッファー「モーセの死」、『獄中書簡集』村上伸訳、四六〇頁）

ボンヘッファーは、言うまでもなく、ここでモーセに重ねて、自分の心境を歌っているのです。ボンヘッファーは、自分のかかわっている事柄に対して、正当化しようとすることはしませんでした。そのことの重みを深く受け止めながら、なおかつそれを引き受けなければならないという決断があったのです。

M・L・キングの最後の演説

それから二〇数年後、M・L・キングは、アメリカ合衆国南部メンフィスで、凶弾に倒れるのですが、まさにその死の前日にこういう演説をしています。

「私には今何が起こるのかは分かりません。とにかくわれわれの前途には困難な日々が待ち構えています。しかし私にはそれはもう問題ではありません。なぜなら私は山頂に登ってきたのですから。私は心配していません。どなたとも同じように、私も長生きはしたいと思います。長生きにもそれなりの良さがあります。しかしそのことにも私はこだわっていません。私はただ神のみ心を行いたいだけです。神は私に山に登ることをお許しになりました。私は辺りを見回しました。そして約束の地を見てきました。私はみなさんと一緒にはそこに行けないかもしれません。しかし私はみなさんに、われわれは一つの民としてそこに行くのだということを、知って欲しいと思います。私は今晩幸せです。私は何も心配していません。私の目が主の来臨の栄光を見たのですから」（『キング自伝』梶原寿訳、四二八頁）。

これがキング牧師の最後の演説となりました。偶然、二〇世紀の殉教者と呼ばれる二人の神学者・牧師が、自分の死を視野に入れながら、モーセの死を思い起こしたというのは、不思議なことです。しかし、この二人の言葉に共通して言えるのは、不安のただ中にあっても、言いようのないおだやかさ、平安が与えられているということです。それはある種の断念ではありますが、悔しいという思いではありません。山の上から来るべき世界を眺望したのです。そこにあるのは、すべてを神様に委ねた後に与えられる平安、そして希望ではないでしょうか。

私たちの人生や死は、ボンヘッファーやM・L・キングのような偉大な人生や死ではないかもしれませんが、やはり本質的には同じであろうと思います。

洗礼者ヨハネの最期

あの洗礼者ヨハネもまた、そうでありました。彼が獄中に捕らえられた時に、弟子たちがやってきて、こう言いました。「先生と一緒に活動していたあのイエスという人のまわりには、大勢の人が集まっています。」それを聞いて、ヨハネは自分の心境を、花婿に連なる友人の喜びにたとえました。

「花婿の介添え人は立って耳を傾け、花婿の声を聞いて大いに喜ぶ。だから、私は喜びで満たされている。あの方は必ず栄え、私は衰える。」（ヨハネ三・二九～三〇）

このヨハネの言葉にも、空しさ、悔しさはありません。静かな、そして確かな喜びがありました。

私たち自身も、イエス・キリストにつながる者とされ、イエス・キリストを指し示し、それを次の世代の人へと委ねていく時に、そこに深い慰めと喜びが与えられ、また私たちの人生の意味がそこに見出されていくのではないでしょうか。

ブラジルの賛美歌「神の民」

この後、ブラジルの「神の民」という賛美歌を歌います。エジプトを脱出したイスラエルの民の四〇年の歩みを、私たちの人生、そして教会の歩みに重ね合わせた歌です。私たちの人生や教会にも、困難があります。挫折があります。しかし神様の恵みのもと、歩み続けるのです。約束の地をはるかに仰ぎ見ながら、モーセやボンヘッファーやキング牧師のように、人生を終わることもあるかもしれません。しかし信仰と希望において、すでに約束の地に立っているのだと言えるでしょう。私たちも、最期の日まで、恵みの中を歩んで行きましょう。

一　神の民　荒れ野の中
さまようとも　主が先立つ
神の民　持てるものは
砂ぼこりと　主の約束
主よ、わたしもまた　あなたの民

申命記32章45〜52節

恵みに立ち　かたく生きる

二
神の民　時には揺れ
時に迷い　時に沈む
神の民　泣いて祈り
不信仰のゆるしを乞う
主よ、わたしもまた　あなたの愛
信じきれず　揺れています

三
神の民　飢えた時に
主は天から　パンを与え
神の民　恵み受けて
高く歌う　感謝の歌
主よ、わたしも今　気づきました
あなたこそが　いのちの糧

四
神の民　はるかに見る
あなたからの　約束の地
神の民　主の力を
歌いながら　その地を踏む
主よ、わたしも今　希望の地へ
日ごと日ごと　近づきゆく

（『Thuma Mina つかわしてください――世界のさんび2』15）
（二〇二四年八月一八日）

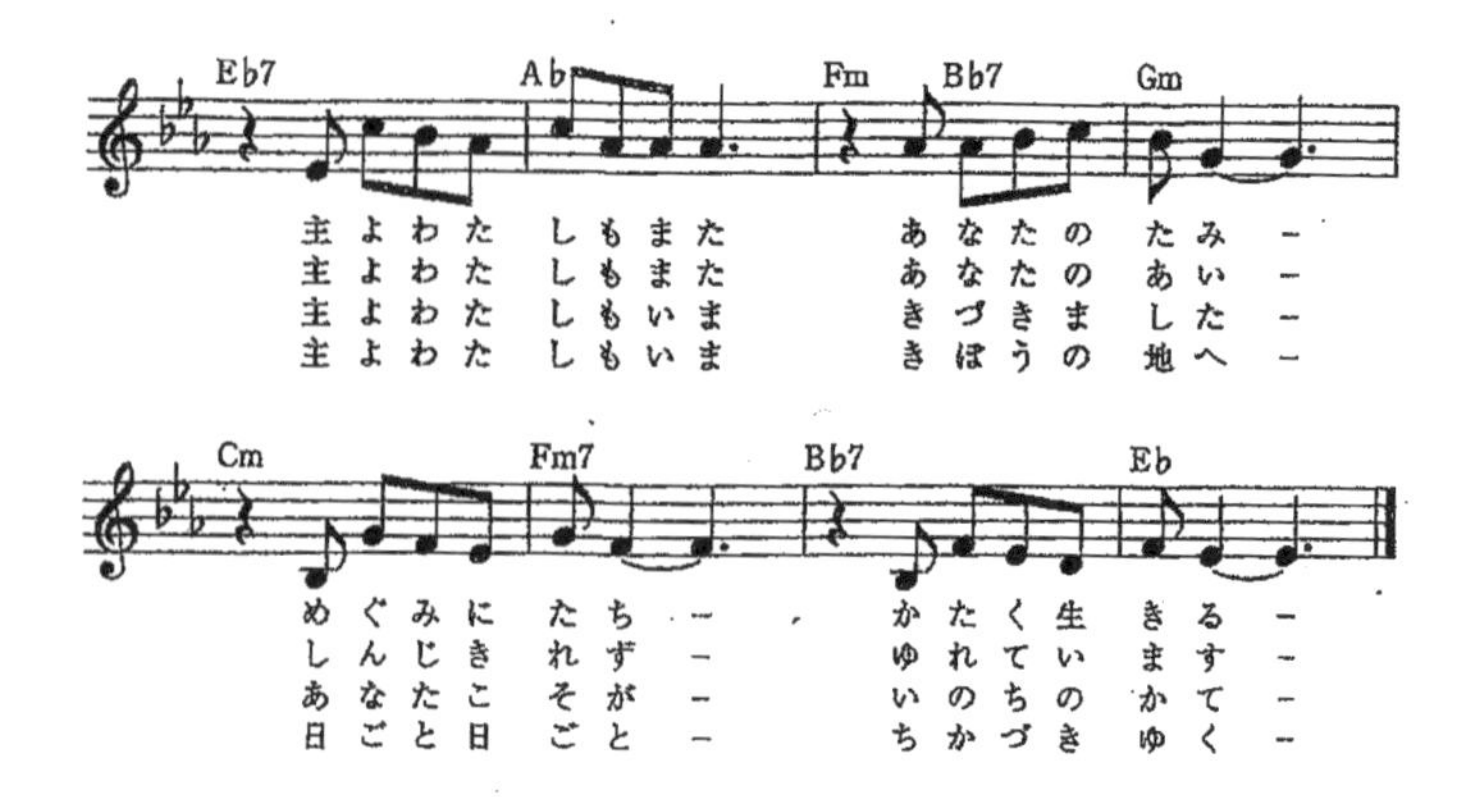

1. 神の民　荒れ野の中
   さまようとも　主が先立つ
   神の民　持てるものは
   砂ぼこりと　主の約束
   主よ、わたしもまた　あなたの民
   恵みに立ち　かたく生きる

2. 神の民　時には揺れ
   時に迷い　時に沈む
   神の民　泣いて祈り
   不信仰の　ゆるしを乞う
   主よ、わたしもまた　あなたの愛
   信じきれず　揺れています

3. 神の民　飢えた時に
   主は天から　パンを与え
   神の民　恵み受けて
   高く歌う　感謝の歌
   主よ、わたしも今　気づきました
   あなたこそが　いのちの糧

4. 神の民　はるかに見る
   あなたからの　約束の地
   神の民　主の力を
   歌いながら　その地を踏む
   主よ、わたしも今　希望の地へ
   日ごと日ごと　近づきゆく

ブラジルではよく知られ、歌われているさんびです。エジプトからの解放とその後の荒れ野の旅、さらには、民の背信や天からのパン（「マナ」）をモチーフに、現代の神の民の歩みを描きます。２小節ごとの短いフレーズを積み重ねながら、「主よ、わたしもまたあなたの愛」と歌うクライマックスに向かいます。

詞・曲：ブラジルのさんび〔ポルトガル語〕

15　神の民 (TM110)

ブラジル

引用・参考文献

『聖書　聖書協会共同訳』日本聖書協会、二〇一八年
『新共同訳　旧約聖書注解　Ⅰ』日本基督教団出版局、一九九六年
H・L・エリクソン『出エジプト記　デイリー・スタディー・バイブル』加藤明子訳、新教出版社、一九九一年
鈴木佳秀『VTJ旧約聖書注解　出エジプト記 19〜40章』日本キリスト教団出版局、二〇一八年
B・S・チャイルズ『出エジプト記 下 批判的神学的注解』近藤十郎訳、日本基督教団出版局、一九九四年
T・E・フレットハイム『現代聖書注解 出エジプト記』小友聡訳、日本基督教団出版局、一九九五年
シュタム・アンドリュウ『十戒』左近淑・大野恵正訳、新教出版社、一九九七年
加藤常昭信仰講話7『使徒信条・十戒・主の祈り　下』教文館、二〇〇〇年
関田寛雄『十戒・主の祈り』日本基督教団出版局、一九七二年

W・バークレー『十戒　現代倫理入門』新教出版社、一九八〇年
S・M・ハワーワス/W・H・ウィリモン『神の真理　キリスト教的生における十戒』東方敬信/伊藤悟訳、新教出版社、二〇〇一年
村上伸『十戒に学ぶ』日本キリスト教団出版局、二〇〇九年
吉岡光人編『信仰生活ガイド　十戒』日本キリスト教団出版局、二〇二〇年
ヴァルター・リュティ『十戒　教会のための講解説教』野崎卓道訳、新教出版社、二〇一一年
J・M・ロッホマン『自由の道しるべ　十戒による現代キリスト教倫理』畠山保男訳、新教出版社、一九八五年
大野恵正『神の言葉と契約　出エジプト記19章―24章の研究』新教出版社、二〇二一年
M・L・キング『マーティン・ルーサー・キング自伝』梶原寿訳、日本基督教団出版局、二〇〇一年
武田武長『ただ一つの契約の弧のもとで』新教出版社、二〇二〇年
富坂キリスト教センター編『エコロジーとキリスト教』新教出版社、一九九三年
マーガレット・F・パワーズ『あしあと〈Footprints〉―多くの人々を感動させた詩の背後にある物語―』松代恵美訳、太平洋放送協会〈PBA〉、一九九六年
ボンヘッファー選集4『現代キリスト教倫理』森野善右衛門訳、新教出版社、一九七八年
ボンヘッファー『ボンヘッファー獄中書簡集』村上伸訳、新教出版社、一九八八年
山口里子『マルコ福音書をジックリと読む』ヨベル、二〇二三年

ヨセフス『ユダヤ古代誌〈1〉旧約時代篇』筑摩書房、一九九九年
『旧約聖書Ⅱ　出エジプト記　レビ記』木幡藤子・山鹿哲雄訳、岩波書店、二〇〇〇年
『聖書 新共同訳』日本聖書協会、一九八七年
『聖書 口語訳』日本聖書協会、一九五四年、一九五五年
『聖書 文語訳』日本聖書協会、一九七〇年（旧約・一八八七年、新約・一九一七年発行）
『讃美歌21』日本基督教団出版局、一九九七年
『こどもさんびか　改訂版』日本キリスト教団出版局、二〇〇二年
『Thuma Mina つかわしてください――世界のさんび2』日本キリスト教団出版局、二〇一一年
『ハイデルベルク信仰問答』吉田隆訳、新教出版社、一九九七年
『信徒の友』二〇〇二年三月号　日本キリスト教団出版局、二〇〇二年
『礼拝と音楽』一三一号、日本キリスト教団出版局、二〇〇六年

あとがき

本書は、『神の民の解放　出エジプト記1～18章による説教』に続く出エジプト記説教集第二巻です。これらの説教も、第一巻に続き、鹿児島加治屋町教会において、二〇二二年七月から二〇二四年八月まで、月に一回くらいのペースで行ってきた連続説教に若干の手を加えたものです。（ただし私は前任地である経堂緑岡教会においても、二〇〇二年から二〇〇七年にかけて出エジプト記による説教を行いましたので、多くの説教はその時の原稿を下敷きにしています。）

出エジプト記の後半は、前半に比べるとドラマが少なく、語るのにも苦労をしましたが、十戒をひとつずつ詳しく取り上げたり、逆に幕屋建設の部分は、何章かをまとめて扱ったりする工夫をしました。

十戒は、それが記された時の状況を踏まえつつ、現代社会のコンテクストで理解することに重きを置きました。その課題は、諸宗教の問題、現代における偶像の問題（お金や武力）、生命倫理、自死、死刑制度、戦争、性の搾取、性の多様性、著作権、グローバルな社会構造における盗みやむさぼりの問題など多岐にわたっています。「8　生命」（「殺してはならない」）は、『信仰生活ガイド　十戒』（日本キリスト教団出版局）の中の拙稿を、ほぼ踏襲していることをご了解ください。また十戒（十の言葉）の数え方は、プロテスタントとカトリック、そしてユダヤ教で異なりますが、それについては本書四八〜五〇頁で述べています。

出エジプト記は、旅の途中で突然終わる感じがしますので、モーセの最期を扱った申命記三二章による説教を、モーセ物語のエピローグとして付け加えました。

私がブラジルで出会った賛美歌に、「神の民」（O Povo de Deus）という歌があります。元来はカトリックの巡礼の歌ですが、プロテスタント教会でもよく歌われます。人生や教会の歩みを出エジプトの旅に重ね合わせた歌です。拙訳ですが、この説教集に収載することを許可してくださった日本キリスト教団出版局に感謝します。

表紙には、今回も桃井和馬さんの写真を使わせていただきました。この写真は、一九九〇年に、ペルーで最も貧しい地域のひとつであるアヤクーチョの中心街にあるカトリック教会で撮影されたものです。撮影当時、ペルーは内戦下にあり、町は戦闘の激しくなった地区から逃げて来た国内難民や両親を失った子どもたちであふれかえっていたそうです。この少女たちも、そうした困難を抱えながら生きており、教会の炊き出しに集まって来ているのです。無表情の子ども、静かに微笑む子ども、厳しい表情の子ども等さまざまですが、中央の少女の目は鋭く、こちらに何かを問いかけてくるようです。「神さまは、このような子どもたちも必ず守ってくださる」という思いで、この写真を使わせていただくことにしました。感謝です。

今回も、岩橋常久さん、小友聡さん、山田泉さんが原稿を丁寧に読んでくださり、適切なアドバイスをくださいました。またキリスト新聞社の金子和人さん、編集者の桑島大志さんにもお世話になりました。ありがとうございました。

この書物は、人生のよきパートナーである妻のかおりに捧げます。特に鹿児島に来てからは、幼稚園の副園長として、園長の私のいたらない部分を大きくカバーして助けてくれています。彼女の支えなしには、これまで仕事を続けることはできませんでした。

二〇二五年二月　妻かおりの誕生日に

松本　敏之

松本敏之（まつもと・としゆき）
日本キリスト教団鹿児島加治屋町教会牧師。学校法人鹿児島敬愛学園理事長および敬愛幼稚園園長。
1958年、兵庫県姫路市に生まれる。立教大学文学部キリスト教学科卒業、東京神学大学大学院修士課程修了、ニューヨーク・ユニオン神学大学院STMコース修了。
日本キリスト教団阿佐ヶ谷教会伝道師、サンパウロ福音教会牧師、ブラジル・アルト・ダ・ボンダーデ・メソジスト教会牧師、弓町本郷教会副牧師、経堂緑岡教会牧師を経て、2015年より現職。
著　書『マタイ福音書を読もう』全3巻、『ヨハネ福音書を読もう』上下巻、（以上、日本キリスト教団出版局）。『神の美しい世界――創世記1～11章による説教』『神に導かれる人生――創世記12～25章による説教』『神と人間のドラマ――創世記25～36章による説教』『神の壮大な計画――創世記37～50章による説教』『神の民の解放――出エジプト記1～18章による説教』（以上、キリスト新聞社）。
監修・共著『牧師とは何か』、『そうか！ なるほど!! キリスト教』（以上、日本キリスト教団出版局）。

装丁：長尾　優
カバー写真：桃井和馬

日本基督教団讃美歌委員会著作物使用許諾第 5772 号

神と民の契約――出エジプト記 19～40 章・十戒による説教

2025 年 4 月 30 日　第 1 版第 1 刷発行

著者　松本敏之
発行所　株式会社 キリスト新聞社
〒 112-0014 東京都文京区関口 1-44-4　宗屋関口ビル 7 階
電話 03（5579）2432
URL. http://www.kirishin.com
E-Mail. support@kirishin.com
印刷所　新生宣教団

ISBN 978-4-87395-843-9 C0016（日キ販）　Printed in Japan